Ruth Jung

# Attac:
# Sand im Getriebe

Mit Beiträgen von
José Saramago
Ignacio Ramonet
Bernard Cassen

Edition Nautilus

**Editorische Notiz:** Ruth Jung, Autorin und freie Journalistin. Studium der Romanistik und Geschichte, verschiedene Veröffentlichungen zum Themenbereich Französischer Republikanismus, Demokratie und Frauenrechte. Deutsch-französischer Journalistenpreis 2001 für das Radiofeature: »Die Welt ist keine Ware – José Bové und der Bauernprotest in Südfrankreich«. Feature über Attac (2002): »Nennen Sie uns bloß nicht Globalisierungsgegner«.
Die Texte von José Saramago, Bernard Cassen und Ignacio Ramonet sowie das »Manifest 2002« sind entnommen aus: Attac, *Attac au Zénith,* © Mille et une nuits, Librairie Arthème Fayard, Paris 2002.
Titel der Originalbeiträge:
José Saramago: *De la justice à la démocratie, en passant par les cloches*. Ins Deutsche übersetzt von Christian Hansen, erstveröffentlicht in *Le monde diplomatique* März 2002.
Bernard Cassen: *Les grandes avenues par où passe l'homme libre;*
Ignacio Ramonet: *Cela s'appelle l'aurore:* beide Texte ins Deutsche übersetzt von Ruth Jung, deutsche Erstveröffentlichung in diesem Band.
*Attac Manifeste 2002,* ins Deutsche übersetzt von Brigitte Schulte und Annette Heiss sowie Marietta Winkler von Mohrenfels und Yan-Christoph Pelz, erstveröffentlicht in *Blätter für deutsche und internationale Politik,* 3/2002, Blätter Verlagsgesellschaft mbH Bonn, www.blaetter.de
Adressen von Attac:
attac@attac.org
www.attac-netzwerk.de
info@attac-netzwerk.de

**Umschlaggestaltung:** Maja Bechert

**Edition Nautilus** Verlag Lutz Schulenburg
Alte Holstenstraße 22 · D-21031 Hamburg

1. Auflage 2002 · Printed in Germany
www.edition-nautilus.de

1 2 3 4 5 · 06 05 04 03 02

ISBN 3-89401-400-8

*»L'effort humain porte un bandage herniaire*
*et les cicatrices des combats«*

*»Der Kraftaufwand ein Mensch zu sein*
*ist bandagiert und trägt die Narben der Kämpfe«*

Jacques Prévert, Paroles 1936

## Attac im Zénith – oder das Politisieren der Beunruhigung

Ein alles durchdringender Fanfarenruf erklang zur Begrüßung der Besucher am 19. Januar 2002 im Pariser *Zénith.* Einen passenderen Ort als die legendäre Konzerthalle an der Porte Pantin im Osten der Stadt hätten die Organisatoren von Attac für ihre spektakuläre Versammlung nicht wählen können. *Attac au Zénith:* diese symbolträchtige Ankündigung erwies sich als Publikumsmagnet. Einmal mehr zeigte sich, welche Anziehungskraft die ungewöhnliche Bürgerbewegung seit ihrer Gründung vor vier Jahren zu entfalten imstande ist. Ein Phänomen, das auch die französischen Initiatoren des Bündnisses überrascht hat.

An diesem grauen Winternachmittag kamen mehr als 6000 Französinnen und Franzosen aus allen Regionen des Hexagons ins Pariser *Zénith*, um bei der Präsentation des *Attac-Manifests 2002* dabei zu sein, die Reden und Grußworte zu hören und nicht zuletzt: um ausgelassen zu feiern. Dabei hatten die Veranstalter von Attac-Paris höchstens 3500 Besucher erwartet und deshalb nicht den gesamten riesigen Saal angemietet. Es war bald klar, dass das eine Fehlkalkulation gewesen war. Eilig wurden Trennwände aufgeschoben und der Saal vergrößert. Als schließlich die Direktion des *Zénith* sich auf die strengen Sicherheitsauflagen berufend etwa Tausend nachdrängenden Besuchern den Einlass verweigerte, die zu spät Gekommenen im strömenden Winterregen vor der Türe bleiben mussten, da war klar: Attac bringt die Leute auf die Beine – und es werden immer mehr.

Von der großen Bühne des *Zénith* hörte man deutliche, engagierte Worte. Worte, die den antidemokratischen und zutiefst aggressiven Charakter der von den reichen Ländern forcierten Globalisierung bloßlegen wollten. Der portugiesische Literaturnobelpreisträger José Saramago kleidete seine Rede in eine schlichte Parabel von poetischer Ausdruckskraft, die den Zuhörern die falschen Töne einer in Ritualen erstarrten Demokratie zu Ohren bringen wollte. »Wir alle wissen, dass es so ist«, sagte Saramago am Ende seiner Rede, »und trotzdem reden wir weiter von Demokratie, als würde irgendein verbaler oder mentaler Automatismus uns daran hindern, die Dinge bei ihrem wirklichen Namen zu nennen«.

Bei ihrem wirklichen Namen nannte Attac-Präsident Bernard Cassen die Verhältnisse. Und den Verantwortlichen in Politik und Wirtschaft kündigte er ein »Sturmgeläut zur Rettung der Demokratie« an. Auch er, ein eher nüchterner Analytiker der politischen Entwicklung, sprach leidenschaftlich dem widerständigen Denken das Wort, als Medizin gegen das grassierende tödliche »Virus des neoliberalen Einheitsdenkens«. Attac-Ehrenpräsident Ignacio Ramonet schließlich prangerte die neoliberale Globalisierung als »eine Art zweite kapitalistische

Revolution» an und rief zum internationalen Widerstand gegen diese «Diktatur der Märkte«. Als Appell an die befreiende Kraft utopischen Denkens konnte man seine Worte verstehen.

Nicht nur die Avantgarde von Attac-Frankreich war an jenem Samstagnachmittag zu hören. Drei junge Leute vom Streikkomitee am Boulevard Saint Denis trugen ihre Forderungen vor und schilderten die prekären Arbeitsbedingungen bei McDonald's; es sprach eine Feministin und Bürgerrechtlerin aus Burkina Faso; der bekannte Radio-Journalist Daniel Mermet ermunterte zur »Politisierung der Beunruhigung« und Jacques Testart vom Nationalen Institut für nachhaltige Entwicklung thematisierte die Gefahren der neuen Technologien. Die Gruppe *Attac culture* zeichnete für das phantasievolle Kulturprogramm und die Auftritte der Musikgruppen verantwortlich und wurde dafür mit begeistertem Applaus bedacht.

Es war ein bewegendes und anregendes politisches Ereignis, fassten viele Besucher ihren Eindruck zusammen. Der Tageszeitung *Le Monde* war dieses Ereignis einen Bericht auf der Titelseite wert. Vor den französischen Wahlen erregte das Attac-Manifest besonderes Aufsehen, das war so beabsichtigt. Doch das Manifest als Grundsatzerklärung weist über diesen Anlass weit hinaus. Analyse, Neudenken und utopische Phantasie sind gefordert, um die Agonie der herrschenden Verhältnisse zu überwinden – das Attac-Manifest und die ausgewählten Reden führen es den Lesern in deutlichen Worten vor Augen.

Und zugleich kennzeichnet Attac als Bewegung die lebendige Teilnahme so vieler unterschiedlicher Menschen an diesem Samstag im Pariser *Zénith*, die nach dem 11. September 2001 erst recht darauf bestehen, dass »eine andere Welt möglich ist«.

## Lokal handeln, global denken

»Ni dieu, ni maïtre – ni Bové«, prangt in großen Lettern an einer Hauswand in Millau. Dieses pfiffig abgewandelte politische Motto der Anarchisten, bei dem man sogleich das berühmte Chanson von Léo Ferré im Ohr hat, führt mitten in eine komplexe Geschichte und ihre nicht minder komplexe Problematik.

Denn Millau ist nicht irgendein heiter-mediterranes Städtchen in Südfrankreich. Millau war Ausgangsort einer politischen Alphabetisierungskampagne, die der Öffentlichkeit nachhaltig die Auswirkungen der ökonomischen Globalisierung vor Augen führte. Und diese Kampagne in Millau, die schließlich über Frankreich hinaus große Aufmerksamkeit erregte, war den Demonstrationen in Seattle im November 1999 voraus gegangen. Jenen Protesten anläßlich der Verhandlungsrunde der Welthandelsorganisation, auf deren Tagesordnung die Liberalisierung des Agrarhandels stand, die zur Initialzündung einer weltweit erstarkenden globalisierungskritischen Bewegung wurden.

In Millau traten auch Attac-Vizepräsidentin Susan George, die US-amerikanische Gewerkschafterin und Bürgerrechtlerin Lori Wallach und die indische Wissenschaftlerin und Aktivistin Vandana Shiva im Juni 2000 als Expertinnen globalisierungskritischer Positionen ebenso in den Zeugenstand wie die Sprecher verschiedener Bauernorganisationen aus Entwicklungsländern. Sie alle waren nach Millau gekommen, um die politische und soziale Dimension des Protestes jener zehn Bauern zu bezeugen, die man der »Verwüstung« einer McDonald's-Filiale angeklagt hatte.

Die Rede ist von der so genannten McDonald's-Affäre, der Demontage einer Baustelle des amerikanischen Fast-food-Multis McDonald's im August 1999. Gerichtet war diese Protestaktion gegen die rücksichtslose Handelspolitik der Vereinigten Staaten, die, abgesegnet durch die Welthandelsorganisation, den in der Region produzierten Roquefortkäse mit enormen Strafzöllen belegt hatte – weil Frankreich im Rahmen der Europäischen Union es verweigert hatte, hormonbehandeltes US-Rindfleisch zu importieren.

Den vermeintlichen Drahtzieher der Aktion, José Bové, bezichtigte man sogar, eine Bombenlegung angedroht zu haben. Ein absurder Vorwurf, den die Staatsanwaltschaft schließlich fallen lassen musste. »Diese von Millau ausgegangene Aktion am 12. August 1999 hat es ermöglicht, auf europäischem und internationalem Niveau die sozialen Bewegungen in ihrer Gesamtheit und die Gesamtheit der *Citoyens* zu sensibilisieren«, sagte José Bové, Schafzüchter und Aktivist, auf einer Pressekonferenz. »Es war wirklich eine Art pädagogische Aktion, die zur Aufklärung darüber beigetragen hat, wie die supranationalen Institutionen versuchen, die Welt einzig im Interesse der transnationalen Konzerne zu organisieren«[1].

Schließlich war die Protestaktion mitten in den Sommerferien, zu der viele Menschen aus dem Département

**1** Die im Text zitierten Aussagen von Aktivisten und Zeitzeugen der Bewegung entstammen den auf Band aufgezeichneten Interviews und Gesprächen mit der Autorin.

Aveyron mit Kind und Kegel kamen, nicht etwa das Husarenstück einiger erboster, womöglich chauvinistischer Bauern, sondern eine geplante und angekündigte gewerkschaftliche Aktion der autonomen Bauerngewerkschaft *Confédération paysanne* gemeinsam mit der Gewerkschaft der Schafsmilchproduzenten. Die mit Billigung der Welthandelsorganisation (WTO – World Trade Organisation) verhängten Strafzölle auf den Roquefort – und andere französische Agrarexportgüter – hatten das Fass zum Überlaufen gebracht. Die Ankündigung der Eröffnung einer McDonald's-Filiale am Ortsrand von Millau war die Gelegenheit, die Öffentlichkeit mittels einer Protestaktion über die Hintergründe und Zusammenhänge der ungezählten, durch das immer aggressiver betriebene Agrobusiness verursachten Lebensmittelskandale aufzuklären. Mit dem griffigen Schlagwort von der *malbouffe*, dem industriell gefertigten schlechten Fraß, gelang es den Bauern, viele Leute anzusprechen. Ihre »symbolische Aktion« – einige Fertigbauteile des Gebäudes wurden dabei demontiert, auf Traktoren verfrachtet und zum Depot der Präfektur gebracht – lenkte den Blick der Öffentlichkeit auf die Auswirkungen der Liberalisierungspolitik der WTO, unter deren Ägide ja auch der Agrarhandel geraten war, mit katastrophalen Folgen für die Kleinbauern weltweit. Bis dahin war die Öffentlichkeit kaum informiert worden über die Rolle und die Funktionsweise der 1995 gegründeten WTO. Viele wußten nicht einmal, dass es sie gibt.

Dennoch statuierte die Staatsgewalt ein Exempel an der Person José Bové: drei Monate Gefängnis ohne Bewährung wegen gemeinschaftlich begangener »schwerer Sachbeschädigung« und »Androhung von Straftaten«, lautete das Urteil. »Das Gericht ist der Ansicht, dass es die Strafe von drei Monaten Gefängnis ohne Bewährung bewirken wird, ihn zur Vernunft zu bringen«, heißt es wörtlich in der Urteilsbegründung.

Das offenkundige Mißverhältnis zwischen dem tatsächlichen Verlauf und den Hintergründen der weltweit bekannt gewordenen Protestaktion in Millau und der Reaktion der Staatsgewalt, die eine Maßregelung, wenn nicht Unterdrückung der Bewegung zum Ziel hatte, brachte auch Menschen in Rage und zur Demonstration auf die Straße, die bis dahin wenig demonstrationserfahren gewesen waren.

Zum Prozeßbeginn gegen die Bauern am 30. Juni und 1. Juli 2000 nämlich hatte sich das kleine Millau für zwei Tage in die Metropole des Protests verwandelt, es wurde sogar zur vorübergehenden Hauptstadt der globalisierungskritischen Bewegung – sehr zum Mißfallen seines gaullistischen Bürgermeisters, der diesen Ruf seines schmucken Städtchens überhaupt nicht schätzt und sich einiges einfallen ließ, die geplante Solidaritätsveranstaltung für die angeklagten Bauern mit den Diskussionsforen und einem Rap-Konzert prominenter Gruppen zu behindern.

Der 44jährige Schafzüchter Jean-Emile Sanchez ist wie José Bové und die anderen Angeklagten Mitglied der alternativen Bauerngewerkschaft *Confédération paysanne*, die ihren Hauptsitz in Paris hat. Nachhaltig beeindruckt hat ihn die zum Ausdruck gebrachte Solidarität. Zu der Solidaritätsveranstaltung im Sommer 2000 kamen nämlich annähernd hunderttausend Menschen, wo doch die Organisatoren mit etwa 25.000 Besuchern gerechnet hatten, die sich für die Diskussionsforen zu Themen der Globalisierung interessieren könnten. »Wir wollten aus unserem Prozeß zugleich den der liberalen Globalisierung machen«, sagt Jean-Emile Sanchez. »Es sollten viele Menschen zu Wort kommen und berichten, welchen Auswirkungen dieser ökonomischen Globalisierung sie selbst in ihrem Alltag in den verschiedenen Ländern ausgesetzt sind, denn es waren Repräsentanten von Bauernorganisationen aus fünf Kontinenten nach Millau gekommen. Man kann die Probleme der Landwirtschaft doch nicht aus ihrem ökonomischen und politischen Kontext isolieren.«

Die Vorbereitung der spektakulären zweitägigen Solidaritätsveranstaltung hatte das eigens gebildete Komitee zur Unterstützung der Angeklagten in die Hand genommen, tatkräftig unterstützt von der *Confédération paysanne,* Gruppen der neuen sozialen Bewegung, Gewerkschaften – und Attac.

Dass sich die Medien bei der Berichterstattung über die Ereignisse in Millau von Anfang an auf den charismatischen wortgewandten Mitbegründer und Sprecher der Gewerkschaft *Confédération paysanne* stürzten und fortan eine Mediatisierung Bovés betrieben, die bald Züge eines Personenkults annahm, mißfällt Jean-Emile Sanchez. Er sieht darin einen Widerspruch zu den Prinzipien der *Confédération paysanne.* Dem Ausspruch an der Hauswand in Millau kann er ohne weiteres beipflichten.

Guy Holstein sieht das gelassen. Der Endsechziger, ein ehemaliger Finanzinspektor, wohnt mit seiner Frau in einem Einfamilienhaus in Millau, auf das er sichtlich stolz ist. Doch Guy Holstein liegt der Gedanke fern, sich auf ein ruhiges Rentnerleben im Privaten zu beschränken. Statt dessen erteilt er allen, die daran interessiert sind, Lektionen in Sachen zivilen Ungehorsams. Mit lebhafter Gestik und in bildreicher Sprache erzählt er, wie die McDonald's-Aktion, bei der auch er mitgemacht hatte, für ihn zum »Zünder« wurde. »Zuerst schien es, als ginge es nur um die Verteidigung des Roquefort. Aber da war noch etwas anderes. Wir spürten, dass die Sache viel weiter ging, denn über den Roquefort hinaus war es die Forderung nach Respekt, nach Anerkennung der *Citoyenneté*.«[2] Diese Aktion, die Demontage der Fertigbauteile einer noch nicht eröffneten McDonald's-Filiale, war für Guy Holstein eine symbolische Aktion. Eine Aktion, deren Funktion es war, zu sagen: »Genug! Wir wollen nicht mehr, was ihr uns auftischt. Wir wollen nicht mehr, was ihr uns vorsetzt.« Und dieses Genug bezieht sich auf weit mehr als die *malbouffe*, den industriell gefertigten minderwertigen »Einheitsfraß«. Für Guy Holstein war diese Erfahrung schließlich Anlass zur Gründung einer lokalen Attac-Gruppe, der Gruppe Attac-Aveyron: »Man musste die Gelegenheit nutzen und die Citoyens alarmieren«, erinnert er sich, »man musste ihnen die Zusammenhänge aufzeigen.« Er selbst hatte in der Zeitung *Le Monde diplomatique* den Aufruf, den »cri de révolte« (den Aufschrei der Revolte), wie er es nennt, von Ignacio Ramonet gelesen und seine zunehmende Unruhe bestätigt gefunden. In ganz kurzer Zeit wuchs die von Holstein gegründete lokale Attac-

**2** Ich ziehe die Beibehaltung der französischen Begriffe *citoyen* und *citoyenneté* der deutschen Fassung »Bürger« oder »Staatsbürgerrechte« vor, da in dem Begriff *citoyen*, wie ihn die historische *Déclaration des droits de l'homme et du citoyen* von 1789 zum Ausdruck bringt, der das politische Gemeinwesen bestimmende Mensch als idealtypischer Entwurf mitgedacht ist, der sich über die Geschichte zu realisieren hat.

Gruppe Aveyron von zwanzig auf rund dreihundert Mitglieder.

Guy Holstein kommentiert den Sachverhalt, dass sich die Medien auf José Bové fixierten, mit einem Schulterzucken. Viel wichtiger sei es doch, sich zu vergegenwärtigen, dass das Gericht noch über das von der Staatsanwaltschaft geforderte Strafmaß hinausgegangen war – das Unternehmen McDonald's trat nicht einmal als Nebenkläger auf – und mit diesem Urteil ein Exempel statuiert und eine soziale Bewegung zum Schweigen gebracht werden sollte. »Darüber hinaus«, meint er, »sah man in dem Urteil einen Angriff gegen die Gewerkschafter der *Confédération paysanne*. Man hat sehr genau verstanden, dass mit dem Urteil eine Bewegung gestoppt werden sollte.«[3]

Folgt man am südlichen Ortsende von Millau der Route National 9, die sich in Serpentinen Richtung Montpellier hinaufschlängelt, dabei die im ganzen Tal weithin sichtbare Aufschrift »Die Welt ist keine Ware« auf den Befestigungsmauern vor Augen, erreicht man das von bizarren Felsformationen geprägte Hochplateau des Larzac. Hier, wo der Wind zu jeder Jahreszeit seine

**3** »Eine erste emblematische Maßnahme« nennt *Attac-France* in einem *Communiqué* die erste Amtshandlung der Regierung Raffarin nach den Wahlen zur Legislative (mit der Rekordzahl von annähernd 40% Nichtwählern!); die Verfügung an José Bové nämlich, dass er sich am 19. Juni 2002 im Gefängnis Villeneuve-les-Maguelonne bei Montpellier zur Verbüßung der Haftstrafe in Sachen McDonald's einzufinden habe. Dieses eilfertige Vorgehen, noch bevor das geplante neue Amnestiegesetz der Nationalversammlung zur Abstimmung hätte vorgelegt werden können, bestätigt nachträglich die Einschätzung Guy Holsteins – und vieler anderer –, dass mit dem Urteilsspruch von Millau auch eine Bewegung unterdrückt und die Gewerkschaft *Confédération paysanne* eingeschüchtert werden sollte.

eigene Melodie anstimmt, behauptet sich ein einmaliges landwirtschaftliches Modell in Frankreich. Zu seinem Gelingen tragen viele bei: Jean-Emile Sanchez und José Bové ebenso wie die anderen alteingesessenen und neu hinzugezogenen Schafzüchter, Bauern und Künstler.

Mit dem Namen Larzac verbindet sich eine eigensinnig verteidigte Protestbewegung nach 1968 in Frankreich. Hier nämlich auf den *Causses du Larzac* hätte nach den Plänen des Verteidigungsministeriums Anfang der 70er Jahre die seit 1904 bestehende Militärbasis auf fast die gesamte Fläche des Hochplateaus ausgeweitet werden sollen. Doch dazu kam es nicht. Dass es nicht dazu kam, ist eine eigene Geschichte. Eine lange Geschichte eines letztlich erfolgreichen Kampfes gegen die Zerstörung einer einmaligen Kulturlandschaft im Herzen Europas – eine Geschichte, die fortwirkt. Und ihre Akteure verfügen über gewachsene Erfahrungen im »Kampf auf lange Dauer«, wie Attac-Präsident Bernard Cassen das geforderte politische Engagement in seiner Rede im *Zénith* umschrieb.

Zu diesen Erfahrungen zählt die Durchsetzung eines in Frankreich einmaligen Pachtsystems, das auf dem Grundsatz basiert, dass der bewirtschaftete Boden den Menschen der Region gehört. Entsprechend haben die Menschen der Region Larzac sich in einer Gesellschaft zusammengeschlossen und entscheiden gemeinschaftlich über die Bewirtschaftung. Und die Initiative zur Gründung der aus der Tradition des Anarchosyndikalismus hervorgegangenen Kleinbauerngewerkschaft *Confédération paysanne* im Jahre 1987 gehört zu diesen Erfahrungen.

Das neuerdings unter dem Schlagwort Agrarwende geforderte gesellschaftliche Umdenken ist seit fast fünfzehn Jahren zentrales Anliegen der *Confédération paysanne.* Dem extremen Produktivismus in der industriellen Agrarwirtschaft, wie er gerade in Frankreich, dem zweitgrößten Agrarexporteur der Welt, seit Jahrzehnten hoch subventioniert betrieben wird, hat die autonome kleine Bauern-Gewerkschaft schon seit langem den Kampf angesagt. Sie propagiert mit ihrem Projekt einer *Agriculture paysanne* eine umwelt- und sozialverträgliche Landwirtschaft, die die Ernährungssouveränität verteidigt – und steht damit im krassen Widerspruch zu den Regeln und Abkommen der WTO, die erklärtermaßen die Ernährungssouveränität, das heißt das Recht der Länder und Regionen, sich selbst zu versorgen, abschaffen will.

Der Kampf um die Durchsetzung solcher Positionen, so weiß man bei der *Confédération paysanne*, kann sich nicht auf eine nationale Ebene beschränken. Daher ist die Vernetzung mit der internationalen Bauernbewegung *Via Campesina* Teil einer globalen Strategie. Denn Fragen der Landwirtschaft sind keineswegs nur ein Nebenaspekt der ökonomischen Globalisierung: vielmehr stehen sie im Zentrum und treffen einen Lebensnerv, insbesondere in den Entwicklungsländern, wo noch zwei Drittel der Bevölkerung von ihrer Arbeit als Bauern leben.

»Lokal handeln, global denken«, die Schlagkraft dieses Attac-Prinzips führte die Aktion von Millau exemplarisch vor. José Bové reiste im Spätherbst 1999 als Delegierter der *Confédération paysanne* durch die USA, um die Nöte der dortigen Kleinbauern zu erkunden und in Seattle zum Ausdruck zu bringen. Dass es den Demonstranten schließlich gelang, die Verhandlungsrunde der WTO in Seattle zu blockieren, wertete nicht nur die Tageszeitung *Le Monde* in einem Kommentar vom

6. Dezember 1999 als weitreichenden Erfolg: »Der Sieg von Seattle ist auch der einer neuen Idee. Jener Idee, die die Demonstranten in der Kapitale von Boeing und Microsoft und andernorts proklamierten: Die Welt ist nicht zu verkaufen. Nach dem Beispiel von José Bové, dem Held dieser Woche, plädieren diese neuen Internationalisten, auf ihren Höfen ebenso zuhause wie im Internet, auf Französisch so gut wie auf Englisch, für eine neue Weltordnung, für eine offene Welt, die jedoch eines unter keinen Umständen werden darf: eine Ware.«

José Bové selbst betont entschieden: »Man sollte nicht aus den Augen verlieren, dass wir nur deshalb schlagkräftig agieren können, weil wir gewerkschaftlich organisiert sind und als Gewerkschaft handeln. Ich bin Teil einer kollektiven Bewegung.« Und im Blick auf die Larzac-Geschichte fügt er hinzu: »Wir haben uns ja nicht aus dem Hut gezaubert, wir haben dreißig Jahre politische Arbeit hinter uns, dreißig Jahre sozialer Kämpfe, zusammen mit all unseren Freunden.«

## Die Märkte entwaffnen

»Désarmer les marchés« (Die Märkte entwaffnen), hatte Ignacio Ramonet, der Herausgeber der Monatszeitung *Le Monde diplomatique* im Dezember 1997 sein zornbebendes Editorial überschrieben. Angesichts der durch die Finanzpolitik des Internationalen Währungsfonds (IWF) ausgelösten Asienkrise, die schätzungsweise 22 Millionen Menschen binnen kürzester Zeit in die Armut trieb, forderte Ramonet die »Entwaffnung der Finanzmärkte« und die Einführung einer »Solidaritätssteuer«, die so genannte Tobin-Steuer auf Finanzspekulationen.

Dass die Leser reagieren würden, hatte man in der Redaktion wohl erwartet, doch dieses Ausmaß der dann einsetzenden Reaktion, das hatte niemand vorausgesehen. Mehr als viertausend Zuschriften von beunruhigten und zornigen Lesern erreichten die Pariser Redaktion. Und alle bekräftigten sie die Wichtigkeit und die Notwendigkeit von Ramonets Idee, eine solche Bürgerbewegung mit dem Namen *Attac (Association pour la taxation des transactions financières pour l'aide aux citoyens)* ins Leben zu rufen.

»Will man verhindern, dass sich die Welt im 21. Jahrhundert endgültig in einen Dschungel verwandelt, in dem die Räuber den Ton angeben, dann wird die Entwaffnung der Finanzmärkte zur ersten Bürgerpflicht«, hatte Ramonet geschrieben.

Widerstand als Bürgerpflicht? Die französische bürgerliche Verfassungsgeschichte kennt zwei Verschriftlichungen des Rechts auf Widerstand: die *Déclaration des droits de l'homme et du citoyen*, wie sie Maximilien Robespierre am 21. April 1793 neu formuliert hatte (Artikel 27 bis 29) und die *Déclaration des droits de l'homme et du Citoyen* vom 24. Juni 1793 (Artikel 33 bis 35), die der Verfassung der *Ersten Republik* vorangestellt ist. Dort heißt es: »Wenn die Regierung die Rechte des Volkes verletzt, dann ist das Recht zum Aufstand das heiligste aller Rechte und die unerläßlichste aller Pflichten des Volkes und eines jeden Teils des Volkes.«[4] Zu den verfassten sozialen Rechten, die die Regierung zu

**4** Im Original: »Lorsque le gouvernement viole les droits du peuple, l'insurrection est pour le peuple et pour chaque parti du peuple, le plus sacré des droits et le plus indispensable des devoirs.« in: Jacques Godechot, *Les Constitutions de la France depuis 1789,* Flammarion 1979.

garantieren hat, gehören das Recht auf Arbeit, das Recht auf Bildung, das Recht auf Fürsorge und das Subsistenzrecht. Grundlegend ist, dass das Allgemeinwohl der Gesellschaft (le bonheur commun) jedwedem Recht auf Eigentum übergeordnet ist. Entsprechend sieht der Historiker Jacques Godechot die besondere Bedeutung dieser Verfassung, die zwar verabschiedet worden war, jedoch nicht in Kraft treten konnte, in ihrem Vorbildcharakter für spätere Verfassungen. Denn hier wurden zum ersten Mal in der bürgerlichen Verfassungsgeschichte soziale Rechte proklamiert: »Auch wenn sie niemals angewendet worden ist, behält sie in der französischen Geschichte eine herausragende Bedeutung: Sie ist Beispiel und Modell geblieben für alle Demokraten«[5]. Im Jahre 1997 ist für den Journalisten und Kommunikationswissenschaftler Ignacio Ramonet die Entwaffnung der Finanzmärkte »erste Bürgerpflicht«.

Weltweit hat die in viele Sprachen übersetzte Monatszeitung *Le Monde diplomatique* nach eigenen Angaben eine Auflage von 700.000 Exemplaren; in Frankreich liegt ihre Auflage derzeit bei 280.000. »Der *Monde diplomatique* ist längst kein intellektuelles Forum mehr für Diplomaten«, schreibt die *Frankfurter Allgemeine Zeitung*, »sondern ein ziemlich ideologisches und militantes Organ gegen die Globalisierung und den Kapitalismus«, um doch anerkennend hinzuzufügen: »Dennoch ist die redaktionelle Qualität bemerkenswert geblieben – und der Erfolg erstaunlich.«

In der Tat hat sich *Le Monde diplomatique* zu *dem* Organ gegen Konformismus und Einheitsdenken entwickelt. In Zeiten medialen Infotainments verteidigt *Le*

**5** Jacques Godechot, ebd., S. 77

*Monde diplomatique* eigensinnig und mit Erfolg vermeintlich überlebte journalistische Qualitäten: fundierte Hintergrundanalysen ausgewiesener Journalisten und Wissenschaftler über die Entwicklungen in der Welt fordern den Lesern zwar einiges ab, bieten ihnen dafür aber gründlich recherchierte Informationen und Analysen zu Fragen der Weltpolitik.

»Seit zwanzig Jahren analysiert *Le Monde diplomatique* in ihrer französischen Ausgabe so gut wie in den fremdsprachigen Ausgaben die Funktionsweise des neoliberalen Kapitalismus, dessen Verwüstungen wir aufzeigen«, betont Bernard Cassen, »das ist nichts Neues für uns.« Bernard Cassen, Professor für englische Literatur und Direktor der Zeitung, ist ein nüchterner Mann, der seinen Widersachern mit kühler Ironie und scharfsinniger Argumentation Paroli bietet. »Lange Zeit über blieb unsere Stimme relativ isoliert in der intellektuellen und medialen Landschaft Frankreichs«, erklärt er, »selbst wenn man seit Mitte der 80er Jahren eine Art Gärungsprozess in der intellektuellen Redeweise zur neoliberalen Globalisierung ausmachen kann.«

Die überwältigende Reaktion auf Ramonets Editorial hat ihn dennoch überrascht. Das Redaktionskollektiv entschied schließlich, dass er, Cassen, die Gründung der neuartigen Assoziation Attac in die Hand nehmen solle. Von Anfang an stand für ihn dabei die Stabilität des Bündnisses im Vordergrund, die Liste des Gründungskollektivs spiegelt diese strategische Überlegung: Am 3. Juni 1998 wurde Attac nach mehreren Vorbereitungstreffen offiziell als *Assoziation* – ein Wort, das sich nur schwerlich mit dem deutschen Verein wiedergeben lässt – nach dem französischen Assoziationsgesetz von 1901 gegründet.

Zum Gründungskollektiv zählen nur wenige prominente Einzelpersonen, so der Musiker Manu Chao und der in Frankreich bekannte Journalist Daniel Mermet; von entscheidender Bedeutung für die Tragfähigkeit des Bündnisses Attac, sagt Bernard Cassen, seien die insgesamt siebenundvierzig Gewerkschaften, Assoziationen und Gruppen aus der neuen sozialen Bewegung sowie die verschiedenen Zeitungsredaktionen. Unter den Gründungsmitgliedern von Attac sind auffallend zahlreich neuere Gruppierungen und Gewerkschaften vertreten, wie zum Beispiel die Initiative *Droits au Logement* (Recht auf Wohnen), die sich mit der Obdachlosen- und Wohnungsproblematik beschäftigt, oder die 1989 gegründete autonome Gewerkschaft SUD-PTT und eben die aus dem Anarchosyndikalismus hervorgegangene Bauerngewerkschaft *Confédération paysanne*. Außerdem gehören verschiedene Zeitungsredaktionen, die Satire-Zeitung *Charlie-Hebdo*, das politische Wochenmagazin *Politis* und auch die 1941 gegründete linkskatholische Wochenzeitung *Témoignage chrétien* zum Gründungskollektiv. Daneben verschiedene Berufsgruppen-Vertretungen des 1895 gegründeten größten Gewerkschaftsbundes, der CGT (Confédération générale du travail), und Vertretungen der Gewerkschaft CFDT (Confédération démocratique du travail). Nicht zu vergessen die Organisationen aus der Umweltbewegung, wie zum Beispiel *Les Amis de la Terre*[6].

Vor diesem Hintergrund wird verständlich, warum Bernard Cassen betont: »Wir haben die Bewegung nicht

**6** Die vollständige Namensliste des *Collège des fondateurs* findet sich auch im Internet unter www.attac.org/fr., Stichwort: ATTAC-Structures.

erfunden. Wir dienten nur als Auslöser, denn sie war schon da und wartete nur auf einen Träger.«

## Für ein soziales Europa, gegen ein liberales Europa

»Pour une Europe sociale, non à une Europe libérale« (nicht zu verwechseln mit einem freiheitlichen Europa), skandierten im Winter 1995 Hunderttausende auf den Straßen von Paris. Was seinerzeit im Ausland schon mal als »anti-europäische« Proklamation mißverstanden wurde, war in Wirklichkeit ein lauter Alarmruf vor dem Hintergrund der im Vertrag von Maastricht festgeschriebenen Verpflichtung der EU-Staaten zur Senkung der Sozialkosten und zur forcierten Politik der Deregulierung. In Frankreich stellte der Plan des damaligen Innenministers Juppé einen ersten massiven Angriff auf soziale Errungenschaften und öffentliche Dienstleistungen dar. Begleitet wurden diese Demonstrationen von einer riesigen Streikwelle. Insbesondere der wochenlange Streik der Angestellten der öffentlichen Verkehrsbetriebe legte Paris lahm. Doch erstaunlicherweise besannen sich ungezählte normalerweise autoversessene Pariser ihrer eigenen Kräfte und marschierten klaglos über Wochen täglich viele Kilometer zu ihren Arbeitsplätzen. Die zum Ausdruck gebrachte Solidarität der Bevölkerung mit den Streikenden war – unter diesen Umständen – bemerkenswert.

Im Dezember 1995 sprach der Soziologe Pierre Bourdieu an der *Gare de Lyon* in Paris vor der Versammlung der Streikenden. Mit dieser Rede eines *engagierten Intellektuellen*, wie man ihn seit Sartre nicht mehr erlebt hatte, stellte sich Bourdieu gegen die Zerstörung einer *civilisation*; mit diesem Begriff umfasste er das Gesamt der historisch erkämpften und heute zu verteidigenden sozialen und politischen Kultur einer Gesellschaft. Gegen die von den Theoretikern des Liberalismus immer wieder beschworene »historische Unabwendbarkeit« der ökonomischen Globalisierung und die totale Durchsetzung des Marktprinzips setzte Bourdieu die Verweigerung der bornierten Argumentation »entweder Liberalismus oder Versinken in der Barbarei«, weil dieses nicht die Alternative sein könne: ist es doch gerade der Liberalismus, der erst die Barbarei schafft![7] Die streikenden Postangestellten und Lehrer, die Angestellten des öffentlichen Dienstes, die Studierenden und viele andere seien es, die die entscheidenden grundlegenden Fragen gestellt hätten. Fragen, die viel zu wichtig seien, als dass man sie den ebenso anmaßenden wie unfähigen Technokraten überlassen könne, sagte Bourdieu den Streikenden.

Die Bewegung der Arbeitslosen *AC! – Agir ensemble contre le chomage* (Gemeinsam Handeln gegen die Arbeitslosigkeit; *AC* klingt im Französischen phonetisch verwandt dem Wort *Assez*: Genug) nannte Bourdieu in einer anderen Rede – einer Stellungnahme zur Besetzung der Eliteuniversität *Ecole normale supérieure,* an der er selber lehrte, durch die Arbeitslosen – »ein gesellschaftliches Wunder«, einen »französischen Sonderfall«, »auf den wir stolz sein können«. Arbeitslosigkeit, so erinnerte er, sei das Ergebnis einer Politik, nicht ei-

**7** Vgl. Pierre Bourdieu, *Gegenfeuer. Wortmeldungen im Dienste des Widerstands gegen die neoliberale Invasion,* UVK Universitätsverlag Konstanz 1998, S. 36

nes persönlichen Versagens. Eine Gesellschaft, die Massenarbeitslosigkeit zulässt, ist eine kranke Gesellschaft.

Und Bourdieu kritisierte unerbittlich die Anpassungsbereitschaft allzu vieler Wissenschaftler und Intellektueller. Manche unverhohlen hasserfüllte Kommentare in den Tageszeitungen nach seinem plötzlichen Tod am 23. Januar 2002 enthüllten bedrückend deutlich, wie recht er mit dieser Kritik doch hatte.

*Raisons d'agir* (Gründe genug zu handeln) nennt sich die von Bourdieu 1996 ins Leben gerufene Vereinigung, die angetreten ist, auf eine andere Weise Politik zu machen. *Raisons d'agir* hat sich auf eine gesellschaftskritische, sozialpolitische Analyse spezialisiert, um die sozialen Bewegungen mit sozialwissenschaftlicher Sachkunde zu unterstützen – ohne die sozialen Akteure ersetzen oder für sie sprechen zu wollen. *Raisons d'agir* möchte diejenigen Intellektuellen ansprechen, die nicht gleichzusetzen sind mit den Meinungstheologen und den die neoliberale Ideologie propagierenden konformistischen Intellektuellen. Gefordert, so Bourdieu, sei der *kollektive* Intellektuelle eines widerständigen Denkens, das Ausdruck findet in der kollektiven Praxis. Zornig richteten sich Bourdieu und seine Mitstreiter von *Raisons d'agir* gegen die Ideologie vom »Ende der Geschichte«, beflissen vorgetragen von den so genannten *nouveaux philosophes*, jenen postmodernen Philosophen, die Bourdieu schlicht »Hofschranzen« nannte, die sich in der vermeintlichen Gewißheit sonnen, intellektuelle Deutungsmacht erobert zu haben.

Gegenwärtig gefordert ist vielmehr der Teil der Intelligenzia, der es versteht, die Widerstandsbewegungen in ihrer Widerständigkeit soziologisch, historisch und politologisch zu begründen, sie zu politischer Öffentlichkeit zu formen und als kollektive Praxis zu organisieren. Das Wissen der Intellektuellen erweist diese der Geschichte mächtig als ihr soziales Gewissen und ihr historisches Bewußtsein.

Erinnert sei hier eine französische Tradition, wie sie mit dem *Manifeste des Intellectuels* im Frühjahr 1898 gegen den Antisemitismus in der Affäre Dreyfus begründet worden ist.

In diese Tradition der engagierten Intellektuellen ist auch der *Erste Internationale Schriftstellerkongress zur Verteidigung der Kultur gegen den Faschismus* im Juni 1935 in Paris zu stellen. Unter der Losung »Verteidigung der Kultur« versammelte der legendäre Kongress die unterschiedlichsten Schriftsteller in der Stadt, in der Walter Benjamin und Hannah Arendt Zuflucht gefunden hatten, um sie zum Widerstand gegen die drohende faschistische Gefahr in vielen Ländern zu bewegen. Im Zeichen der Volksfrontbewegung in Frankreich ging es darum, Kräfte im Kampf für eine menschliche Gesellschaft zu sammeln, den faschistischen Bewegungen in Gestalt der rechtsradikalen *Ligues*, die seit 1932 bedrohlich an Boden gewonnen hatten, Einhalt zu gebieten.

Paul Nizan definierte in seiner Rede auf dem Schriftstellerkongress am 23. Juni 1935 unmißverständlich, was er unter Humanismus verstand. Der engagierte kommunistische Schriftsteller (der 1939 aus der KPF austrat), dessen Roman gegen die »braune Pest«, *Le cheval de Troie*, im selben Jahr erschienen war, setzte sich in dieser Aufsehen erregenden Rede mit der Tradition des idealistischen Humanismus auseinander: »Ich liebe die Umsicht Goethes nicht. Das reine Meditieren scheint mir ein bisschen zu bequem zu sein. [...] Ich sehe in der traditionellen Verabsolutierung der Würde des Geistes eine Konsequenz der Arbeitsteilung, der Klassenspaltung, ein Stück unbewusster Sehnsucht nach einer Zeit, in der die Sklaverei es ausgewählten Menschen ermöglichte, lange und gut zu denken«[8]. Paul Nizan prangerte als Schwäche des Humanismus die Haltung an, bloß nichts zu riskieren, »die gefährlich große Sorge der Denker um ihre weltliche Sicherheit, um die Mauern, in deren Schutz sie ihr Denken fortsetzen können«, sowie die »Isolierung von den konkret existierenden Menschen«. Nizan resümierte seine Kritik in dem Satz: »Ich sehe darin die Hauptschwäche des Humanismus, eine Verstümmelung des Denkens, eine Verringerung seiner praktischen Wirksamkeit.«

Diese von Nizan geforderte »praktische Wirksamkeit« fand in bezug auf den Schriftstellerkongress ihren Ausdruck darin, dass dieser Kongress im Jahre 1935 in die Aktivität der Volksfrontbewegung zur Abwehr des Faschismus eingebunden war. Das Bündnis *Amsterdam-Pleyel*, ein breites Bündnis aller fortschrittlichen Kräfte, Parteien und Gewerkschaften »gegen den Krieg und gegen den Faschismus wie auch gegen das Regime des Kapitalismus, dessen Früchte sie sind«, hatte die Initiative zu einer eindrucksvollen Massendemonstration drei Wochen nach dem Schriftstellerkongress am 14. Juli 1935 ergriffen, die einen legendär gewordenen Erfolg im Kampf gegen die rechtsradikalen *Ligues* verbuchen und eine weitere Etablierung des Faschismus in Frankreich zunächst verhindern konnte.

**8** Paul Nizan, Rede am 23. Juni 1935 abends; zit. nach: *Paris 1935 – Erster Internationaler Schriftstellerkongreß zur Verteidigung der Kultur. Reden und Dokumente*; Akademie-Verlag Berlin 1982, S. 190

Es ist diese Intelligenzia, die sich nicht machtpolitisch als Elite entwirft, vielmehr teilhat an der Emanzipation der sozial Ausgegrenzten und Benachteiligten, in deren Tradition die neuen, weil die Widerständigkeit verlebendigenden Intellektuellen stehen und an die sich *Raisons d'agir* ebenso wendet wie die Zeitung *Le Monde diplomatique*.

## »Ce mouvement qui déplace les lignes« – Die Bewegung, die das Kräfteverhältnis verändert

Die Gründungsversammlung von Attac im Juni 1998 hatte sie zusammengeführt: Bauern, Arbeitslose und Intellektuelle. Hier traf die 1987 gegründete autonome Bauerngewerkschaft *Conféderation paysanne* auf die Arbeitslosenbewegung *AC!*, auf die Intellektuellengruppe *Raisons d'agir* und viele andere Organisationen, Gewerkschaften, Zeitungsredaktionen und Assoziationen der neuen sozialen Bewegung.

Die erste Originalität von Attac besteht darin, ein ungewöhnliches Bündnis auf die Beine gestellt zu haben. Gemeinsamer Nenner ist die konkrete Verteidigung sozialer Rechte, die in langwierigen Kämpfen errungen worden waren und für die unzählige Menschen ihr Leben gelassen hatten.

Die Bewegung Attac und das Attac-Manifest 2002 stehen im Zeichen eines Dichterworts. Bernard Cassen greift es in seiner Rede im *Zénith* wieder auf: es ist dem Gedicht von Charles Baudelaire *La Beauté* (Die Schönheit) entnommen aus dem 1857 veröffentlichten Gedichtzyklus *Les Fleurs du Mal* (*Die Blumen des Bösen*), zugeordnet zur Rubrik *Spleen et Idéal*. Die Übernahme der Verszeile dürfte kaum als rhetorischer Zierat zu werten sein, vielmehr legt sie eine politische Deutung nahe: Das Sonett ist geprägt von einem Spannungsverhältnis zwischen dem idealtypischen Entwurf eines Kunstschönen (Ideal) und dem »gescheiterten Bewußtsein« (Spleen) im Sinne eines Bewußtseins über das Gescheitertsein. Politisch gelesen verarbeitet das Gedicht – wie der gesamte *Fleurs du Mal*-Zyklus – auch die Erfahrung der Februarrevolution von 1848, der »schönen« Revolution im Fraternitätsrausch, gebunden an ihr Traumbild einer idealtypisch entworfenen von der *Fraternité* (Brüderlichkeit) getragenen Republik[9]. Seine brutale Zerstörung erfuhr dieses Ideal durch die Juni-Insurrektion, den verzweifelten spontanen Aufstand der Pariser Arbeiterinnen und Arbeiter im Juni 1848, nachdem die Regierung die Schließung der Nationalwerkstätten angeordnet hatte – und damit eine soziale Notmaßnahme gegen die massenhafte Arbeitslosigkeit preisgab. Dieser Aufstand vom 23. bis 25. Juni 1848 wurde mit einer bis dahin beispiellosen Härte niedergeschlagen. In den Ostbezirken der Stadt um die Place de la Bastille lieferte die Armee den verbarrikadierten Arbeitern nach einem generalstabsmäßig vorbereiteten Angriff eine blutige Schlacht. Mehr als 3000 Gefangene wurden sofort erschossen, mindestens 15.000 in die Verbannung nach Algerien verschleppt. Die französischen Bourgeois-Republikaner bereiteten mit diesem Sieg zugleich den Weg für den Triumph der reaktionären Gewalten über repu-

**9** Diese politische Lesart der Gedichte Baudelaires gegen eine Vereinnahmung des Künstlers Baudelaire als Propagandist des *l'art pour l'art* entwickelt der Literaturwissenschaftler Dolf Oehler in seiner bahnbrechenden Arbeit: *Ein Höllensturz der Alten Welt*, Frankfurt 1988.

blikanische und demokratische Bewegungen überall in Europa.

Der Paris-Emigrant Walter Benjamin hält zum historischen Hintergrund der Baudelaireschen Poesie fest: »Die historischen Erfahrungen, die Baudelaire als einer der ersten machte – er gehört nicht umsonst zur Generation von Marx, dessen Hauptwerk im Jahr seines Todes erschienen ist – sind seither nur allgemeiner und nachhaltiger geworden. Das Kapital hat die Züge, die es im Juni 1848 zeigte, seither nur schärfer den Herrschenden eingegraben«.[10]

Bis heute gehört diese Geschichte zur verdrängten Nachtseite des französischen Republikanismus. Erst Sartre näherte sich diesem Trauma mit seiner Monumentalstudie über den Dichter Gustave Flaubert (dtsch. *Der Idiot der Familie*) und analysierte den Übergang von der subjektiven Neurose des bürgerlichen Künstlers Flaubert in die objektive Neurose der bürgerlichen Gesellschaft, die diese historische Zäsur verdrängen musste. Denn diese »häßliche« Revolution des Juni 1848, die das wahre Gesicht der unversöhnlichen sozialen Klassengegensätze offen gelegt hatte und in einen furchtbaren Bürgerkrieg ausartete, der die Zeitgenossen nachhaltig verstört hat, brachte das Traumbild einer Versöhnbarkeit von Kapital und Arbeit zum Zerschellen.

In dem Sonett von Baudelaire ist es das Ideal – La Beauté –, das bezogen auf die Kunst sagt: »Ich hasse diese Bewegung, die die Harmonie zerstört« (»Je haïs ce mouvement qui déplace les lignes«) und sich der so-

**10** Walter Benjamin, *Das Passagen-Werk. Gesammelte Schriften*, Band V 1, Frankfurt 1982, Stichwort: Baudelaire, S. 425

zialen Wirklichkeit und ihrer Bewegung verweigert. Für Attac und für Cassen aber ist es gerade diese soziale Bewegung, die gefordert ist und die sich weder in einem Traumbild verlieren, noch an den Himmel der Allegorien verschleudern darf – die Abwandlung der Aussage ins Positive setzt den Akzent. Das Bewußtsein darüber, gescheitert zu sein, setzt allemal ein Ideal voraus, an dem sich Scheitern bemisst. Der geforderte Neuanfang heute aber ist dadurch gekennzeichnet, dass der politischen, widerständigen Bewegung keine Doxa und kein Dogma im Sinne einer zu befolgenden Heilslehre und kein revolutionstheoretisch entworfenes Bild vorgegeben ist, sondern der beschwerliche Weg zu beschreiten ist, einzelne Erfahrungen zusammenzutragen, damit sich die Zielsetzung »Eine andere Welt ist möglich« konkretisieren kann und kollektiv erfahrbar wird.

Ein Bewußtsein über das Gescheitertsein wirft die Frage auf, woran die einstigen Widerstandsbewegungen gescheitert sind. Diese Frage zielt auf die Ergründung der Macht des Gegners, nicht, um sich in der Vereinzelung einer Ohnmacht hinzugeben, sondern um sich in der Gemeinsamkeit politisch neu definieren und in der Widerständigkeit neu entwerfen zu können. Vom Zenit in die Mühen der Ebene.

Lehrreich zur Bestimmung der Macht des Gegners mag ein rückblickender Exkurs sein – der zugleich Ausblick ist:

»Das Bedürfnis nach einem stets ausgedehnteren Absatz für ihre Produkte jagt die Bourgeoisie über die ganze Erdkugel. Überall muss sie sich einnisten, überall anbauen, überall Verbindungen herstellen. Die Bourgeoisie hat durch ihre Exploitation des Weltmarkts die Produktion und Konsumtion aller Länder kosmopolitisch gestaltet. Sie hat zum großen Bedauern der Reaktionäre den nationalen Boden der Industrie unter den Füßen weggezogen. Die uralten nationalen Industrien sind vernichtet worden und werden noch täglich vernichtet. Sie werden verdrängt durch neue Industrien, die nicht mehr einheimische Rohstoffe, sondern den entlegensten Zonen angehörige Rohstoffe verarbeiten und deren Fabrikate nicht nur im Lande selbst, sondern in allen Weltteilen zugleich verbraucht werden. An die Stelle der alten lokalen und nationalen Selbstgenügsamkeit und Abgeschlossenheit tritt ein allseitiger Verkehr, eine allseitige Abhängigkeit der Nationen voneinander. Und wie in der materiellen, so auch in der geistigen Produktion. Die geistigen Erzeugnisse der einzelnen Nationen werden Gemeingut. Die nationale Einseitigkeit und Beschränktheit wird mehr und mehr unmöglich, und aus den vielen nationalen und lokalen Literaturen bildet sich eine Weltliteratur.

Die Bourgeoisie reißt durch die rasche Verbesserung aller Produktionsinstrumente, durch die unendlich erleichterten Kommunikationen alle, auch die barbarischsten Nationen in die Zivilisation. Die wohlfeilen Preise ihrer Waren sind die schwere Artillerie, mit der sie alle chinesischen Mauern in den Grund schießt, mit der sie den hartnäckigsten Fremdenhass der Barbaren zur Kapitulation zwingt. Sie zwingt alle Nationen, die Produktionsweise der Bourgeoisie sich anzueignen, wenn sie nicht zugrunde gehen wollen; sie zwingt sie, die so genannte Zivilisation bei sich selbst einzuführen, d.h. Bourgeois zu werden. Mit einem Wort, sie schafft sich eine Welt nach ihrem Bilde.«[11]

**11** Karl Marx und Friedrich Engels, *Das Kommunistische Manifest.*

Es ist erstaunlich, wie aktuell sich diese präzise Beschreibung der Globalisierung liest – datiert sie doch aus dem Jahre 1848 und ist Teil eines politischen Klassikers zweier früher Globalisierungskritiker. Unübersehbar, so der britische Historiker Eric Hobsbawm in seiner Einleitung zu einer *Modernen Edition des Kommunistischen Manifests*, sei diese 1848 beschriebene Welt die Welt, in der wir 150 Jahre später leben. »Die Schärfe der Vision eines – damals noch weit in der Zukunft liegenden – wahrhaft globalisierten Kapitalismus«, schreibt Hobsbawm 1998, muss uns am Ende des 20. Jahrhunderts verblüffen. Verblüffend auch sei der visionäre Weitblick der Verfasser am Anfang des Siegeszugs des Kapitalismus, dahingehend, dass diese Produktionsweise nicht dauerhaft und stabil, etwa das ›Ende der Geschichte‹ sein würde, meint Hobsbawm, trage doch diese Produktionsweise ihre Negation bereits in sich; wenngleich bei den frühen Globalisierungskritikern Marx und Engels auch ihre radikal nüchterne Einsicht »in die unvermeidlichen langfristigen historischen Tendenzen der kapitalistischen Entwicklung« hervorstechend sei.

Den postmodernen Verkündern vom »Ende der Geschichte« muss man vorhalten, eine historische Wahrheit zu unterschlagen. Die Erfahrung nämlich, dass es in der Dynamik des Geschichtsprozesses der Menschheit immer nur vorübergehende Phasen von Gesellschaften gab, die von neuen, anderen Gesellschaften verdrängt wurden; oder, wie es Walter Benjamin in seiner dialektischen Geschichtsphilosophie poetischer formuliert:

*Eine moderne Edition.* Mit einer Einleitung von Eric Hobsbawm, Argument Verlag Berlin 1999, S. 48f

»Jede Epoche träumt ja nicht nur die nächste sondern träumend drängt sie auf das Erwachen hin. Sie trägt ihr Ende in sich.«[12]

Das *Manifest der Kommunistischen Partei* erläutert, warum die Entwicklung des Kapitals den »nationalen Einseitigkeiten und Beschränktheiten« eine Absage erteilt und eine die nationalen Schranken sprengende globale Bewegung ist. Dieser präzise beschriebenen Globalisierung »von oben« setzt Attac eine Globalisierung »von unten« entgegen: anstelle einer politischen Orientierung auf nationale Souveränitäten, auf tradierte Modelle eines Etatismus tritt die Neubesinnung auf Demokratie, auf Volkssouveränität, auf die Souveränität einer transnationalen globalisierten *Citoyenneté*. Und genau darin liegt der Unterschied zu antiparlamentarischen Bewegungen, wie sie derzeit in Europa erstarken: diese sind die populistische Verkehrung der außerparlamentarischen oppositionellen Bewegung. Vergegenwärtigt man sich zum Beispiel die jüngste Geschichte des Populismus in Frankreich vom *Rassemblement national populaire* und dem *Parti populaire français* zum *Front national* (der 1972 gegründeten Partei Le Pens), so wird deutlich, dass populistische Bewegungen allemal national ausgerichtet sind. Grundlage des historisch-politischen Populismus ist die mythisch konstruierte Einheit von Volk und Nation.

Linke Kritiker werfen der Bewegung vor, Attac stelle in der heutigen Phase des globalisierten Spätkapitalismus den letzten ernsthaften Versuch dar, die kapitalistische Gesellschaft zu stabilisieren und zu reformieren. Das sieht Diane Adam zum Beispiel ganz anders. Die

**12** Walter Benjamin, a.a.O., S. 59

32-jährige Attac-Aktivistin aus Paris, die seit langem als Angestellte in der Gewerkschaft CFDT (*Confédération démocratique du travail)* organisiert ist, begründet, warum sie sich von Attac angesprochen fühlt: »Zu Attac bin ich gekommen, weil das für mich heute die zentrale Organisation einer Bewegung ist, die ich als antikapitalistisch definieren würde, und die sich weltweit entwickelt. Dabei verstehe ich Attac nicht deshalb als antikapitalistisch, weil Attac sich selbst so definieren würde, sondern weil die Forderungen von Attac in meinen Augen antikapitalistisch sind.«

## »Ya basta!«

Als der Anführer der zapatistischen Befreiungsarmee Subcomandante Marcos zusammen mit dreiundzwanzig anderen *Comandantes* im Februar 2001 zum ersten Mal sein Refugium im Lakandonischen Urwald verließ, um sich auf den 3.000 Kilometer langen Weg nach Mexiko-Stadt zu begeben, begleiteten ihn tausende von Sympathisanten. Am 11. März 2001 sprach Marcos vor hunderttausenden von Menschen auf dem Platz Zócalo im Zentrum von Mexiko-Stadt an alle Mexikaner gewandt:

»Hier also sind wir, wir verkörpern die Würde der Rebellion, das vergessene Herz des Vaterlandes«[13].

Dieses denkwürdige Ereignis war auch namhaften Europäern Anlass zu einer Reise nach Mexiko. Attac-Präsident Bernard Cassen, Ignacio Ramonet, José Bo-

**13** Zitiert und übersetzt nach Ignacio Ramonet, *Marcos. La dignité rebelle*. Conversations avec le sous-commandant Marcos; Paris Editions Galilée 2001

vé und José Saramago gehörten ebenso wie Danielle Mitterrand, Ramón Chao und Manuel Vázquez Montalbán[14] zu Marcos' Begleitern bei seiner Ankunft in Mexiko-Stadt.

Mit Revolutionsromantik hatte diese Reise, hat die Analyse der Rolle von Marcos und der zapatistischen Bewegung in Chiapas allerdings herzlich wenig zu tun. Vielmehr geht es um die konkrete Vergegenwärtigung der brutalen Ausgrenzung der rechtlosen indigenen Bevölkerung in einem der rohstoffreichsten Länder Mittelamerikas – allein der riesige Bundesstaat Chiapas besitzt die größten Erdgasvorkommen – vor dem Hintergrund des 1994 abgeschlossenen Freihandelsabkommens mit den USA. Der Entschluss der Zapatisten, sich am 1. Januar 1994 ins politische Leben Mexikos einzumischen, hatte einen brandaktuellen Hintergrund: an diesem Tag trat das umstrittene Freihandelsabkommen *Nafta* zwischen Mexiko, den USA und Kanada in Kraft.

»Marcos«, schreibt Ignacio Ramonet in seiner Dokumentation des Gesprächs mit dem *Subcomandante*, »besiegelte in gewisser Weise an diesem Tag die erste symbolische Revolte gegen die neoliberale Globalisierung«. Am 2. Januar 1995 verlas Marcos die *Erste Erklärung aus dem Lakandonischen Urwald*[15] in der Kathedrale der Hauptstadt von Chiapas, San Cristobál: »Heute sagen wir: *Ya basta!* Es reicht!«. Der Zapatismus, so Marcos, bezeichne nicht nur eine Widerständig-

**14** Siehe auch das Buch von Manuel Vázquez Montalbán: *Marcos. Herr der Spiegel;* Wagenbach Berlin 2001.

**15** s.a. Subcomandante Marcos, *Botschaften aus dem Lakandonischen Urwald*, Edition Nautilus Hamburg 1996

keit, sondern er repräsentiere eine Option, »eine Möglichkeit, andere menschliche Beziehungen aufzubauen, basierend auf der Hoffnung, dass eine andere Welt möglich ist«. In dem Gespräch mit *Le Monde diplomatique*-Herausgeber Ignacio Ramonet – gebürtiger Spanier aus Galizien – bezeichnet Marcos die Konfrontation zwischen »Globalisierten« und »Globalisierern«, wie sie sich seit dem Fall der Mauer und dem Zusammenbruch der Sowjetunion abzeichne, als Beginn des »vierten Weltkrieges« (die Epoche des Kalten Krieges definiert Marcos als eine Art dritten Weltkrieg): »Es ist keine imperialistische Macht im klassischen Sinne des Begriffs mehr, die heute den Rest der Welt beherrscht, sondern eine neuartige Macht, eine außerhalb des Nationalstaates sich befindende Macht, es ist die Macht des transnationalen Finanzkapitals, die sich aufzwingt. Diese neue Supermacht entwickelt sich seither unaufhörlich, angetrieben von den neoliberalen Politikpraxen«[16]. Das »Ideal« dieser Globalisierung, so Marcos, »ist eine in ein Großunternehmen verwandelte Welt, geführt von einem Verwaltungsrat, der sich zusammensetzt aus dem Internationalen Währungsfonds, der Weltbank, der Organisation für wirtschaftliche und technische Zusammenarbeit, der Welthandelsorganisation und dem Präsidenten der USA«[17].

Der Zapatismus wurde hierzulande häufig entweder als überlebte, weil gescheiterte »Ideologie« des Guerillakampfes abgetan und belächelt oder aber mit nostalgischer Revolutionshoffnung besetzt, immer aber wurde übersehen, dass die Stärke des Zapatismus – wie auch

**16** Ignacio Ramonet, a.a.O., S. 29
**17** ebd., S. 31

die Stärke von Attac – vielleicht gerade darin besteht, keine Leitbilder mehr vorzugeben: »Selten sind die sozialen Bewegungen und die in ihnen Handelnden auf ihre eigene Anstrengung des Begriffs zurückverwiesen worden. Oder in den Worten der Zapatisten selbst: ›Detrás de nosotros estamos ustedes‹ (Hinter uns sind wir, die ihr seid)«[18].

Für Christophe Aguiton jedenfalls, Angestellter bei France-Telecom, aktiv in der Gewerkschaft SUD-PTT und mitverantwortlich für Attac-International in Paris, sind die Zapatisten Wegbereiter der internationalen Bewegung Attac: »Die Zapatisten waren 1994 auf ihre Weise die Wegbereiter der internationalen globalisierungskritischen Bewegung, indem sie die Rechte und die Identitäten der Ärmsten und Ausgegrenzten verteidigten, der aus Chiapas in Mexiko, und zugleich einen universellen Diskurs gegen den Neoliberalismus entwickelten mit dem ersten Gebot, eine Bewegung für eine andere Globalisierung auf die Beine zu stellen. Das *Erste Intergalaktische Treffen* im Lakandonischen Urwald von Chiapas im Juli 1996 war in dieser Hinsicht eine Premiere.«

Auf Ramonets Frage nach der Einschätzung von Attac und der Forderung einer Tobin-Steuer, antwortet Marcos, der die von *Le Monde diplomatique* lancierte Initiative mit großem Interesse verfolgt hat: »Die wirkliche Macht verteidigt heute das Finanzkapital. Sich dagegen zu stellen, wie es die Organisation Attac und die Forderungen nach einer Tobin-Steuer tun, heißt, sich ei-

**18** Lars Stubbe, *Thesen zur Mexikanischen Klassensituation*; in *Die Aktion*, Edition Nautilus, Heft 203, Juni 2002, S. 69; s.a. *Der Wind der Veränderung, Die Zapatisten und die soziale Bewegung in den Metropolen. Kommentare und Dokumente*, Nautilus Hamburg 1997

ner Preisgabe der Welt zur Plünderung entgegenzustellen. Einer Preisgabe zur Plünderung, die wir, die indigene Bevölkerung Mexikos, hier seit der Eroberung vor mehr als fünfhundert Jahren im Jahre 1492 erleiden. Heute erlebt die Welt mit der Globalisierung eine vergleichbare Preisgabe zur Plünderung, weil Globalisierung die Privatisierung von öffentlichem und kollektivem Gut bedeutet, und ebenso die Privatisierung der öffentlichen Kulturgüter Wissen und Lehre.«

Am 3. Juni 1998 war Attac in Paris als Assoziation ins Leben gerufen worden; noch im selben Jahr, im Dezember 1998, trafen sich in Paris Vertreter sozialer Bewegungen und Organisationen aus zehn Ländern, um Attac-International zu gründen und eine *Plate-forme du mouvement international ATTAC* zu verabschieden[19]. Auf diese Versammlung folgte im Januar 1999 eine erste internationale Attac-Aktion in der Schweiz (von Anfang an war Attac in der Schweiz sehr stark): *Das andere Davos*.

Bernard Cassen reagiert auf die Frage, ob man Frankreich als »Avantgarde« bezeichnen könne, eher abwehrend. Gewiß habe die Tatsache, dass *Le Monde diplomatique* in viele Weltsprachen übersetzt werde, eine Rolle gespielt, doch entscheidender sei eine von den Menschen in allen Ländern ähnlich erlebte Erfahrung, eine Erfahrung, die die Leute dazu bringe, sich zu engagieren: »In all unseren Ländern konstatieren wir mittlerweile einen bemerkenswerten Abgrund zwischen den

**19** Bei diesem auf Einladung von *Attac France* zustande gekommenem Treffen im Dezember 1998 waren Vertreter sozialer Bewegungen und Gewerkschaften aus Belgien, Brasilien, Finnland, Italien, Mexiko, den Philippinen, Senegal, Südkorea und der Schweiz anwesend.

Herausforderungen durch die Globalisierung und den Antworten beziehungsweise den Nichtantworten der politischen Parteien und der großen Gewerkschaften. Sie haben sich überhaupt nicht auf diese neuen Gegebenheiten eingelassen – oder sie wollten sich nicht darauf einlassen. Darum sage ich immer, wir haben die weit verbreitete Unruhe enthüllt und die Bewegung ins öffentliche Bewußtsein gebracht, aber wir haben sie nicht geschaffen: sie war schon da, sie wartete nur auf einen Träger.«

Eine weitere neue Form zur Kanalisierung dieser sich weltweit vergrößernden Unruhe war mit der Einrichtung des *Ersten Weltsozialforums* von Porto Alegre im Januar 2001 geschaffen worden. Diese Premiere eines neuartigen »Gegengipfels«, der bewußt zeitgleich zum traditionellen jährlichen Treffen der Wirtschaftseliten in Davos stattfinden sollte, ermöglichte einen ersten informellen Austausch aller globalisierungskritischen Gruppen und Bewegungen weltweit; ein Ereignis, das der deutschen Presse – von einer Ausnahme abgesehen – im Unterschied zur französischen Presse kein Wort der Berichterstattung wert war. Doch Bernard Cassen prognostizierte schon im Juli 2001, dass sich diese selbstverordnete Unmündigkeit im Jahr 2002 anlässlich des *Zweiten Weltsozialforums* nicht mehr würde vertreten lassen können.

Die Idee zur Organisation eines solchen Gegengipfels, der den unterschiedlichen globalisierungskritischen Positionen ein Forum bieten solle, erzählt Cassen, sei in seinem Büro, im Redaktionshaus der Pariser *Le Monde* in der Rue du Dessous des Bergers im Gespräch mit brasilianischen Freunden geboren. Brasilien war eines der zehn Länder, die von Anfang an bei Attac-International aktiv waren: entsprechend waren Attac-Brasilien und *Le Monde diplomatique* zunächst die hauptverantwortlichen Organisatoren des *Ersten Weltsozialforums* in Porto Alegre, der südbrasilianischen Bundeshauptstadt von Rio Grande do Sul mit dem weltweit einmaligen Modell eines partizipativen Bürgerhaushalts und der angesehenen Katholischen Universität.

> *»In jeder Epoche muß versucht werden, die Überlieferung von neuem dem Konformismus abzugewinnen, der im Begriff steht, sie zu überwältigen. Der Messias kommt ja nicht nur als der Erlöser; er kommt als der Überwinder des Antichrist. Nur* dem *Geschichtsschreiber wohnt die Gabe bei, im Vergangenen den Funken der Hoffnung anzufachen, der davon durchdrungen ist:* auch die Toten *werden vor dem Feind, wenn er siegt, nicht sicher sein. Und dieser Feind hat zu siegen nicht aufgehört.«* (Walter Benjamin, Geschichtsphilosophische These, Ende der 6. These)

## »Un mouvement d'éducation populaire, tourné vers l'action« – Eine Bewegung der Volksbildung, die auf das Handeln gerichtet ist

*Education populaire*: Volksbildung, Volkserziehung. Begriffe, die im Deutschen ziemlich angestaubt wirken, den Geruch von gebohnerten Fluren und langweiligen Lehrstunden in öden Sälen in Erinnerung rufen; mit diesen Begriffen verbindet Attac-Frankreich einen äußerst lebendigen politischen Lernprozess. Diane Adam, die Pariser Attac-Aktivistin aus dem 11. Arrondissement, beantwortet die Frage nach der Definition von Volksbildung auf ihre Weise: »Das heißt ganz einfach, dass man sich das Denken und die Ideen wieder aneignet. Denn das hat man ja mit einigem Erfolg versucht, uns auszutreiben. Angeblich haben immer nur ›Experten‹ das Recht, über wichtige Dinge zu sprechen. Dabei ist man selbst auch fähig ein Informationsblatt zu entwerfen und mitzureden, zum Beispiel über die aktuelle Entwicklung in der Rentenfrage. Jeder Mensch in Frankreich ist fähig zu verstehen, was sich im ökonomischen Feld eigentlich abspielt. Vorausgesetzt natürlich, man nimmt sich die Zeit und macht sich die Mühe, die Dinge in einfachen Worten zu vermitteln. Und vorausgesetzt, man hört auf, den Leuten zu sagen, sie wären zu dumm, um diese Zusammenhänge zu verstehen.«

Der Begriff *mouvement d'éducation populaire, tourné vers l'action*, dessen angemessene Übersetzung einige Schwierigkeiten bereitet, verweist auch auf den unlösbaren Zusammenhang von Theorie und Praxis, von Denken und Tun, von Wissen und dem Wissen entsprechenden Handeln. Wissen ist dabei der zur Reflexion erhobene Lernprozess gemachter Erfahrung, die nicht bei sich selbstgenügsam stehen bleiben kann, sondern erneut in Handlung überführt werden möchte, eine Bewegung vom Begreifen zum Eingreifen. Die Bedeutung dieses Spannungsverhältnisses zwischen Wissen und Tun kommt im ersten und wichtigsten Artikel der 17 Artikel umfassenden Attac-Statuten zum Ausdruck; es ist die auch im Pariser *Zénith* immer wieder zitierte Formel, die das Hauptziel von Attac benennt: »Informationen erarbeiten (produire) und weiterverbreiten, ebenso wie Aktionen jeder Art voranbringen, die dazu geeignet sind, dass die *Citoyens* die Macht wieder zurückerobern können, die die Finanzwelt in allen Bereichen des politischen, ökonomischen, sozialen und kulturellen Lebens in der gesamten Welt ausübt. Zu den dazu erforderlichen Mitteln zählt auch die Besteuerung der Finanztransaktionen auf den Devisenmärkten (Tobin-Steuer).«

Doch es würde bei weitem zu kurz greifen, wollte man die Forderung und die politische Aufklärungsarbeit von Attac auf die Tobin-Steuer reduzieren: die Auseinandersetzung mit der Tobin-Steuer ist ein Einstieg, sie ermöglicht einen allgemeinen Zugang zu den komplexen Themen der Globalisierung. Dieses auch aus praktischen Gründen beibehaltene von Ramonet vorgeschlagene Kürzel Attac (*Association pour la taxation des transactions financières pour l'aide aux citoyens*), so kämpferisch es klingt, sei mit seiner Bezugnahme auf die *taxe Tobin*, beziehungsweise eine generelle *taxation des transactions* doch sehr beschränkt im Vergleich zu den wirklichen Themen von Attac, erklärt Bernard Cassen: »Wir befinden uns in einem frontalen Kampf gegen alle Aspekte der neoliberalen Globalisierung, die als ein kohärentes System funktioniert, alles hängt miteinander zusammen. Es hat wenig Sinn, den Neoliberalismus nur an einem Punkt zu attackieren. Unsere Kapazitäten an Arbeitsenergie sind natürlich begrenzt, alles können wir nicht machen, dennoch sind unsere Arbeitsgebiete äußerst vielseitig, der Kampf um die Tobin-Steuer nimmt dabei nur einige Prozentpunkte ein.«

Wesentlich geht es darum, eine überzeugende Strategie zu entwickeln, die überhaupt wieder eine politische Artikulation ermöglicht. Die Sache mit der Tobin-Steuer nennt Cassen in diesem Zusammenhang »ein hervorragendes pädagogisches Mittel«, denn sie sei keine »revolutionäre Maßnahme«, der Wirtschaftsnobelpreisträger Tobin sei schließlich kein Revolutionär gewesen, ohne Berührungsängste könne man sich mit einer solchen Solidaritätssteuer auseinandersetzen. Ob jedoch irgendein Politiker diese Steuer wirklich werde durchsetzen können, sei mehr als fraglich, denn mit einer solchen Maßnahme würde die Politik Handlungsspielraum und Macht beanspruchen – die sie aber längst aus den Händen gegeben hat. Würden Politiker ernsthaft diese Steuer durchsetzen wollen, würde die Finanzwelt das als intolerablen Eingriff sofort abschmettern. In der Tat befürworten inzwischen viele Politiker in den Parlamenten diese an sich »sinnvolle Idee« – doch leider sei sie (noch) nicht praktikabel.

Guy Holstein, der Initiator von Attac-Aveyron in Millau, hatte die Verteidigung des Roquefort eine »symbolische Aktion« genannt, hinter der sich auch die Forderung nach *Citoyenneté* verborgen habe, nach Möglichkeiten demokratischer Einmischung in öffentliche Angelegenheiten, in Angelegenheiten also, die alle angehen: »Der *Citoyen* als politischer Mensch ist völlig im Dunkeln verschwunden. Er muss seine Möglichkeiten wiederfinden, er muss seine Ausdrucksformen zurückgewinnen, um der Politik ihre Möglichkeiten zurückzugeben – der Politik, nicht den Politikern: das ist nicht dasselbe.« Attac, so Guy Holstein, ziele darauf »den *Citoyens* die Antworten zu geben, die sie angesichts der ökonomischen Entwicklung suchen. Die Hintergründe der politischen und ökonomischen Maßnahmen bleiben ihnen verborgen, denn diejenigen, die darüber sprechen, tun dies mit einem besonderen, versteckten Vokabular, in einer filzigen und verschleiernden Sprache. Man muss dahin kommen, *entziffern* zu können, was sich hinter diesen Worten verbirgt – damit man sich selbst aus der Falle befreien kann.«

Über eine so verstandene ökonomische Alphabetisierung zielt Attac auf eine politische Alphabetisierung: die Rückeroberung des Denkens, so nannten es auch die Redner im *Zénith.*

Das beinhaltet den Aufbau einer Gegenöffentlichkeit und die Verbreitung unterbliebener Nachrichten (die Ereignisse in Genua im Juli 2001 waren ein Beispiel: über die Internet-Seiten von Attac-France erhielten Interessierte von Augenzeugen in Genua eine andere Darstellung der Vorgänge als durch die Berlusconi-Presse). »Zuallererst«, sagt der Journalist Cassen, »muss man sich informieren. Und das ist eine Arbeit, die wir fortgesetzt betreiben. Wir haben schon neun kleine Bücher veröffentlicht, ständig finden irgendwo Versammlungen, Treffen und Debatten statt, und es gibt die sehr erfolgreiche Sommeruniversität jetzt im dritten Jahr. Ein Großteil unserer Arbeit besteht darin, uns zu informieren und uns intellektuell zu bewaffnen, um gegen den Neoliberalismus kämpfen zu können.«[20] Diese Aufklärungsarbeit, die Propagierung der Möglichkeit einer anderen Welt (*Un autre monde est possible*), das Nachdenken über eine neue Definition einer globalen Demokratie, nennt man bei Attac-Frankreich auch *faire de la propagande*; und auch dieser Begriff, der im Deutschen so negativ besetzt ist, erweist sich als historisch positiv definierter, weil emanzipativ verstandener Begriff:

»Die revolutionäre Propaganda ist ein Kind des 18. Jahrhunderts; sie wurde geboren unter den Scheiterhau-

**20** Die letzte Publikation ist die Dokumentation der Redebeiträge im Januar: *Attac au Zénith*, Mai 2002; alle Publikationen bei der Pariser Edition *Mille et une nuits* (Fayard)

fen, zwischen Sorbonne und der Bastille, den beiden Zitadellen der alten Monarchie. [...] Ihre Wiege war die *Encyclopédie*, und aus diesem Nest entflogen mächtige Genies, die uns die Welt neu eröffneten: Jean-Jacques [Rousseau], Voltaire, Diderot, Beaumarchais [...]. Die Idee verkörperte sich später in unserer Revolution, sie wurde Volk; sie wurde Frankreich [...] Man hat versucht, sie zu ersticken; man schickte Armeen zur Belagerung ihres Volkes; man glaubte die Idee begraben unter ihren Toten, doch wie ein Vulkan so glühte sie weiter [...].«

Unter dem Titel *La propagande révolutionnaire* begrüßte die angesehene Pariser Zeitung *La Réforme*, deren Mitherausgeberin die Schriftstellerin George Sand war, am 21. März 1848 in einem Leitartikel enthusiastisch die Revolutionen in Europa. Für eine dergestalt positive Besetzung des politisch gefassten Begriffs *propagande* im Dienste von Aufklärung und sozial-emanzipativ intendierter Volksbildung lassen sich weitere Beispiele finden. Auch nach der blutigen Niederschlagung des Aufstandes im Juni 1848 schließen sich die demokratischen und sozialistischen Kräfte in Frankreich zusammen, um nach dem Gescheitertsein wieder an die Revolution heranzukommen, die eine soziale Republik auf ihre Fahnen geschrieben hatte (das Recht auf Arbeit war eine zentrale Forderung); bezeichnenderweise erfolgte die Sammelbewegung unterschiedlichster Kräfte ab Oktober 1848 unter der Losung *Propagande démocratique et social*: »Wenn die Arbeiter, vor allem die Landarbeiter und Bauern, aufgeklärt wären, dann würde der Sozialismus unverzüglich triumphieren – ohne Aufruhr und Verwirrung. Es ist also dringend geboten, in großer Anzahl und überall die sozialistischen und demokratischen Schriften und Zeitungen zu verbreiten. Zu diesem Zweck ist die *Propagande démocratique et social* gegründet worden«, heißt es im Gründungsmanifest der *Propagande démocratique et social*[21].

José Bové verweist immer wieder auf Beispiele aus der Geschichte des französischen Republikanismus, um seine Argumente zu untermauern, so auch, wenn er sagt, worauf es im Kampf gegen die fatale und gefährliche Depolitisierung der Gesellschaft ankomme, die zur Agonie der Demokratie geführt habe: »Man muss sich die Debatte wieder aneignen, und zwar an der Basis, im Blick auf die Erfahrung wie sie in der Geschichte verankert bleibt, die in Frankreich die Geschichte von 1789 ist. Denn diese Erinnerung geht von dem Sachverhalt aus, dass es die *Sansculotten*, die Menschen an der Basis waren, die die Bastille zu Fall gebracht hatten und die aus dieser Erfahrung heraus eine ganze Reflexion in Gang brachten.«

Das historische Beispiel zeigt, dass Handeln und Denken in Übereinstimmung zu bringen sind, dass nicht allein die Ideen die Welt verändern, denn, so Marx in der *2. These über Feuerbach*: »Die Frage, ob dem menschlichen Denken gegenständliche Wahrheit zukomme, ist keine Frage der Theorie, sondern eine praktische Frage. In der Praxis muß der Mensch die Wahrheit, i.e. Wirk-

**21** Veröffentlicht in der Nummer 24 des Journals *La République démocratique et social* vom 30. November 1848; die Zweite Republik (1848-1851) hatte bereits im März 1848 per Dekret das Allgemeine (männliche) Wahlrecht eingeführt, das, von wenigen Einschränkungen abgesehen, Bestandteil aller französischen Verfassungen geblieben ist. Bei den ersten Wahlen zur Nationalversammlung stimmte allerdings vor allem die »ungebildete« katholische Landbevölkerung für die konservativen Bourgeois-Republikaner.

lichkeit und Macht, Diesseitigkeit seines Denkens beweisen. Der Streit über die Wirklichkeit oder Nichtwirklichkeit des Denkens, – das von der Praxis isoliert ist –, ist eine rein scholastische Frage«[22].

»Wir definierten uns sehr bald als eine Bewegung der Volksbildung, die auf Handeln gerichtet ist. Das ist unser Selbstverständnis. Denn diese beiden Dinge trennen wir nicht.« So bestimmt wie Bernard Cassen dies hervorhebt, lässt es darauf schließen, dass sich Attac – wenn auch nicht explizit benannt – in eine solche Tradition des Lernens stellt. Erforderlich sei es, einen Prozess der *conscientisation* in Gang zu setzen, was sich in etwa mit Prozess der Bewußtwerdung übersetzen lässt. Ein Begriff, der dem Vokabular der emanzipativen Pädagogik von Paulo Freire entstammt; dass Attac und dass der Brasilienkundige Bernard Cassen Elemente der praktisch erprobten Lerntheorie des großen brasilianischen Denkers und Befreiungstheologen verarbeitet haben mögen, dafür gibt es Anhaltspunkte. Ein Schlüssel zum Verständnis dieser Vermittlung, zum Verhältnis von Wissen qua Vermittlung und Handeln findet sich in der Tat bei Paulo Freire, sowohl in seinen Studien über *die Pädagogik der Unterdrückten* als auch in der Schrift *Conscientisation et Révolution*; das heißt in Schriften, die in Frankreich vom *Collectif d'alphabétisation* in den 70er Jahren aufgegriffen und umgesetzt wurden.

Sonntagsvormittags auf dem bunten *Marché Bastille* kann man an einem Attac-Stand ein lebendiges Beispiel einer solcherart verstandenen Alphabetisierung erleben.

**22** Karl Marx, *Die deutsche Ideologie 1845/46; 2. These über Feuerbach,* in: Siegfried Landshut (Hrsg.) *Die Frühschriften*, Stuttgart 1964, S. 339

Der quirlige Attac-Aktivist Jean-Michel Dariosec hat eine Art, mit den Leuten ins Gespräch zu kommen, sie zu »verwickeln«, dass man versteht, warum Debattieren in Frankreich eine lustvolle Kultur ist. Die Rolle von Attac fasst er für sich in knappe Worte: »Kurz gesagt, bei Attac benennt man die Probleme. Wir haben jetzt keine große Theorie mit neuen Ismen. Wir arbeiten erst mal an kleinen Lösungsschritten, wie eben dieser Einführung einer Steuer auf Finanztransfers. Natürlich wissen wir, dass eine solche Steuer nicht die Armut in der Welt beseitigt. Doch immerhin bewirken diese Vorschläge, dass die Leute über die Probleme nachzudenken beginnen. Und das ist im Moment schon viel, zumal wir ja lange genug gehört haben, wie toll das System funktioniert und wie wunderbar doch die Globalisierung ist.«

## Der Kraftaufwand ein Mensch zu sein

Der Kraftaufwand ein Mensch zu sein
ist nicht dieser schöne lächelnde Jüngling
aufrecht stehend auf seinem Bein aus Gips
oder aus Stein
der dank der einfältigen Künstelei des Bildhauers
die törichte Illusion weckt
von Freude von Tanz und von Frohlocken
und mit dem anderen Bein
erhoben
die Süße der Rückkehr ins traute Heim erinnert
Nein
der Kraftaufwand ein Mensch zu sein
trägt nicht ein kleines Kind auf der rechten Schulter
ein weiteres auf dem Kopfe
und ein drittes auf der linken Schulter
das Werkzeug quer über Brust und Schulter gehängt
und eingehakt in seinen Arm die junge glückstrahlende
Frau
Der Kraftaufwand ein Mensch zu sein
ist bandagiert
und trägt die Narben der Kämpfe
welche die Arbeiterklasse ficht
gegen eine gesetzlose und absurde Welt

Der Kraftaufwand ein Mensch zu sein
kommt nicht aus gutem Hause
an ihm haftet der Geruch seiner Arbeit
und seine Lungen sind angegriffen
sein Lohn ist mager
wie auch seine Kinder
er arbeitet wie ein Neger
und der Neger arbeitet wie er
Der Kraftaufwand ein Mensch zu sein
kennt keine feine Lebensart
der Kraftaufwand ein Mensch zu sein
erreicht nicht das Alter
der sich ziemenden Verstandesreife
der Kraftaufwand ein Mensch zu sein
hat das Alter der Kasernen
das Alter der Strafkolonien und der Gefängnisse
das Alter der Kirchen und der Fabriken
das Alter der Kanonen
und er der all die Weinberge allenorts bepflanzt hat
und all die Violinen gestimmt hat
er nährt sich von schlechten Träumen
und er betrinkt sich mit dem schlechten Wein des Verzichts
und er dreht sich im Kreise
gleich einem großen trunkenen Eichhorn
rastlos
in einem feindlichen All
staubig und erdrückend
und er schmiedet unablässig die Kette
die Entsetzen weckende Kette
die alles verkettet
das Elend den Profit die Arbeit die Schlachtbank
die Traurigkeit das Unglück die Schlaflosigkeit den

Überdruß
die Entsetzen weckende Kette aus Gold
aus Kohle aus Eisen und aus Stahl
aus Schlacken und aus Staub
einer beschädigten Welt
um den Hals gelegt
die elende Kette
an der wieder und wieder sich aneinanderreihen
die gottgeweihten Anhängsel
die heiligen Reliquien
die Ehrenkreuze die Hakenkreuze
die Glücksbringer
die Orden der Altgedienten
der Flitterkram des Unglücks
und das große Museumsstück
das große Reiterdenkmal
das große Standbild
das große Bildnis in Vorderansicht in Seitenansicht auf einem Bein
das große vergoldete Bildnis
das große Bildnis des großen Wahrsagers
das große Bildnis des großen Herrschers
das große Bildnis des großen Denkers
des großen Gauklers
des großen Sittenpredigers
des würdigen und traurigen Possenreißers
der Kopf des großen Widerlings
der Kopf des streitsüchtigen Befrieders
der Polizistenkopf des großen Befreiers
der Kopf des Adolf Hitler
der Kopf des Herrn Thiers
der Kopf des Diktators
der Kopf des Scharfrichters

von welchem Land auch immer
von welcher Hautfarbe auch immer
der hassenswerte Kopf
der unglückselige Kopf
der Beifall klatschende Kopf
der niedermetzelnde Kopf
der Kopf der Angst.

*Jacques Prévert*

(Das Gedicht *L'effort humain*, erschienen in der Gedichtsammlung *Paroles,* hat Jacques Prévert Mitte der Dreißiger Jahre zur Zeit der Volksfrontbewegung verfasst[23]; aus dem Französischen übersetzt von Raimund Rütten)

**23** »Herr Thiers« im Gedicht Préverts hieß mit Vornamen Adolphe; ein »Adolf« des 19. Jahrhunderts. Dieser bei den demokratischen und sozialistischen Kräften verhasste opportunistische bürgerliche Politiker konnte auf eine »glänzende« Jahrhundert-Karriere zurückschauen, deren Bogen sich spannt von der Juli-Monarchie über die Zweite Republik, das Ende des Zweiten Kaiserreichs bis zur Dritten Republik, und die ihre »Krönung« schließlich fand in der Verfügung des *Monsieur Thiers* an die Versailler Truppen in seiner Funktion als Chef der Exekutivregierung, die aufständischen Pariser Kommunarden erbarmungslos niederzuschlagen: mindestens 30.000 Tote hat *Monsieur Thiers* im Mai 1871 zu verantworten.

## Die Glocken der Gerechtigkeit
### Von José Saramago

Ich möchte Ihnen zunächst in wenigen Worten eine bedeutsame Episode aus dem ländlichen Leben erzählen, die sich vor vierhundert Jahren in einem Dorf nahe Florenz zugetragen hat. Ich bitte Sie um volle Aufmerksamkeit für dieses wichtige historische Ereignis; denn anders als sonst müssen Sie auf die Moral von der Geschichte nicht bis zum Schluss warten; sie wird Ihnen bald augenfällig werden.

Die Dorfbewohner waren zu Hause oder arbeiteten auf den Feldern, und jeder ging seinem Tagewerk nach, als plötzlich die Kirchenglocke zu läuten begann. In jenen frommen Zeiten (wir sprechen von einem Ereignis, das sich im 16. Jahrhundert zutrug) läuteten die Glocken mehrmals am Tage; es gab also keinen Grund, sich zu wundern. Doch die Glocke schlug ein trauriges Totenläuten an, und das war schon überraschend, denn niemand im Dorf hatte etwas von einem Todesfall gehört. So traten denn die Frauen auf die Straße, liefen die Kinder zusammen, verließen die Männer ihre Felder und Werkstätten, und nicht lange, da waren alle auf dem Kirchplatz versammelt und warteten darauf zu erfahren, wen sie betrauern sollten. Die Glocke läutete noch einige Minuten und verstummte dann.

Wenig später öffnete sich die Kirchentür und auf der Schwelle erschien ein Bauer. Weil er nicht derjenige war, der sonst immer die Glocken läutete, fragten ihn die Dorfbewohner natürlich, wo der Glöckner stecke und wer denn gestorben sei: »Der Glöckner ist nicht da und ich habe die Glocke geläutet«, entgegnete der Bauer. »Dann ist also niemand gestorben?«, beharrten die Einwohner. »Niemand, der einen Namen und das Aussehen eines Menschen besitzt«, erwiderte der Bauer, »ich habe die Totenglocke für die Gerechtigkeit geläutet, denn die Gerechtigkeit ist tot.«

Was war geschehen? Der habgierige Landesherr – irgendein skrupelloser Graf oder Marquis – arbeitete seit langem daran, die Grenzmarkierungen seiner Ländereien zu seinen Gunsten zu verschieben, und dehnte sie dabei auch auf die Parzelle des Bauern aus, die bei jeder Verschiebung ein wenig kleiner wurde. Das Opfer hatte sich zunächst beschwert und gegen die Ungerechtigkeit protestiert, später um Erbarmen gefleht und zu guter Letzt beschlossen, bei der Obrigkeit Klage zu erheben und den Schutz der Gerechtigkeit zu fordern. All das blieb ohne Erfolg und die Einteignung dauerte fort.

In seiner Verzweiflung beschloss er endlich, urbi et orbi (das Dorf besitzt für den, der immer dort gelebt hat, die Ausmaße der Welt) den Tod der Gerechtigkeit zu verkünden.

Vielleicht hatte er erwartet, dass er mit seiner Geste exaltierter Verärgerung sämtliche Glocken des Universums, unabhängig von Volkszugehörigkeit, Sitte und Religion, in mitfühlende Schwingungen versetzen würde, so dass sie ohne Ausnahme an seinem Totenläuten für die Gerechtigkeit teilnähmen und nicht eher verstummten, als bis diese wieder auferstanden wäre: Ein Getöse, das sich von Haus zu Haus, von Dorf zu Dorf und von Stadt zu Stadt fortsetzen, das Grenzen überspringen und klingende Brücken über Flüsse und Meere schlagen würde, müsste die Welt doch aus ihrem Schlummer reißen.

Ich weiß nicht, was danach geschah, ich weiß nicht, ob der starke Arm des Volkes dem Bauern half, die Grenzsteine wieder an ihren Platz zu rücken, oder ob die Bewohner, nachdem sie die Nachricht vom Tod der Gerechtigkeit erreicht hatte, mit hängendem Kopf und der Seele auf halbmast zu ihrem tristen Alltag zurückkehrten. Bekanntlich verrät uns die Geschichte nicht immer alles.

Ich vermute, es war das erste und einzige Mal, dass irgendwo auf der Welt eine Glocke, ein träges Stück Bronze, das so oft für den Tod von Menschen geläutet hat, den Tod der Gerechtigkeit betrauerte. Die Totenglocke des Dorfs bei Florenz hörte man nie wieder, doch die Gerechtigkeit starb und stirbt weiter alle Tage. Selbst heute, in diesem Moment, da ich zu Ihnen spreche, geschieht es, dass jemand die Gerechtigkeit tötet, nah oder fern von hier, vor der Tür unseres Hauses. Jedes Mal wenn sie stirbt, ist es, als hätte sie für die, die auf sie vertrauten, nie existiert: als sei sie nie da gewesen für die, die erwartet haben, was wir alle billigerweise von der Rechtsprechung erwarten dürfen: Gerechtigkeit, einfach Gerechtigkeit.

Nicht die Gerechtigkeit, die sich in theatralische Roben hüllt und uns mit den Zierblüten hohler Gerichtsrhetorik umgarnt. Auch die nicht, die zugelassen hat, dass man ihr die Augen verbindet und die Gewichte an der Waage vertauscht; auch die nicht, deren Schwert mehr an dem einen Ende als an dem anderen abschneidet, sondern eine bescheidene Gerechtigkeit, eine Begleiterin des Menschen im Alltag, eine Gerechtigkeit, bei der »gerecht« das genaue, das strikte Synonym von »ethisch« wäre; eine Gerechtigkeit, die genauso unverzichtbar für das Glück des Geistes zu sein vermag, wie es die Nahrung für den Körper ist. Eine Gerechtigkeit, deren Ausübung in allen gesetzlichen Belangen natürlich den Gerichten obliegt, doch vor allem eine Gerechtigkeit, die der unmittelbare Ausdruck der handelnden Gesellschaft selbst wäre; eine Gerechtigkeit, in der sich, als unverzichtbarer moralischer Imperativ, die Achtung vor dem Recht auf Leben aller Menschen zeigt.

Glücklicherweise aber haben die Glocken nicht nur geläutet, um Tote zu betrauern. Sie läuteten auch, um die Stunden des Tages und der Nacht zu verkünden, um die Gläubigen zu einem Feiertag oder zur Andacht zu rufen; und in gar nicht so ferner Vergangenheit läuteten die Glocken Sturm, wenn vor Katastrophen, Überschwemmungen, Bränden, Unglücksfällen und anderen die Gemeinde bedrohenden Gefahren gewarnt werden sollte. Heute bleibt die soziale Funktion von Kirchenglocken auf rituelle Aufgaben beschränkt. Die erleuchtete Tat des Bauern aus dem Florentinischen hielte man heutzutage für das unsinnige Werk eines Verrückten oder, schlimmer noch, sie wäre ein Fall für die Polizei. Es sind jetzt andere, völlig andere Glocken, die darauf dringen, dass in dieser Welt eine Gerechtigkeit Platz findet, die dem Menschen Gefährtin ist, die die Voraussetzung ist für das Glück des Geistes und sogar, so verwunderlich uns das vorkommen mag, Nahrung für den Körper.

Gäbe es diese Gerechtigkeit, würde kein einziger Mensch an Hunger oder an einer der vielen Krankheiten sterben, die für die einen heilbar sind, für die anderen nicht. Gäbe es diese Gerechtigkeit, wäre für mehr als die Hälfte der Menschheit ihre Existenz nicht die furchtbare Strafe, wie sie es bisher war. Jene neuen Glocken, deren Widerhall sich immer lauter und immer weiter in der ganzen Welt verbreitet, sind die vielfältigen Bewegungen des Widerstands und der sozialen Mobilisierung, die sich stark machen für eine neue Gerechtigkeit der Umverteilung und der Veränderung, die alle Menschen als ihre wahre Gerechtigkeit erfahren können; eine Gerechtigkeit, die Recht und Freiheit schützt, nicht aber das, was ihr nach dem Leben trachtet.

Ich wiederhole mich, wenn ich sage, dass wir für diese Gerechtigkeit bereits ein leicht verständliches Regelwerk zur praktischen Anwendung besitzen, ein Regelwerk, das seit über fünfzig Jahren als Allgemeine Erklärung der Menschenrechte vorliegt, als jene dreißig essenziellen Grundrechte, von denen nur noch vage die Rede ist, wenn sie nicht gleich systematisch totgeschwiegen werden. Sie werden in unseren Tagen häufiger missachtet und verletzt als vor vierhundert Jahren das Eigentum und die Freiheit des florentinischen Bauern. Ich habe auch gesagt, dass die Allgemeine Erklärung der Menschenrechte in ihrer heutigen Form, ohne dass man an ihr auch nur ein Komma ändern müsste, in puncto Richtigkeit der Grundsätze und Transparenz der Ziele einen vorteilhaften Ersatz für die Programme sämtlicher politischer Parteien der Erde anzubieten hätte.

Ich denke insbesondere an Programme, wie man sie bei der so genannten Linken findet: erstarrt in überholten Formeln, untauglich oder unfähig, brutalen Realitäten der heutigen Welt etwas entgegenzusetzen, blind für die furchtbaren, nicht zu übersehenden Bedrohungen, die die Zukunft für jene geistige und körperliche Würde bereithält, die unserer Ansicht nach das höchste Ziel menschlichen Strebens ist. Und ich füge hinzu: Was für die politischen Parteien gilt, betrifft auch die Gewerkschaften aller Länder und, logischerweise, die internationale Gewerkschaftsbewegung insgesamt. Der gezähmte und bürokratisierte Syndikalismus oder was davon noch übrig ist, trägt, ob bewusst oder unbewusst, die Verantwortung für den sozialen Dämmerzustand, der den derzeitigen Prozess wirtschaftlicher Globalisierung begleitet. Ich sage das nicht gern, kann es aber auch nicht verschweigen. Wenn ich mich einmal des Fabelstils eines La Fontaine bedienen darf, würde ich sagen: Falls wir nicht rechtzeitig, das heißt sofort etwas unternehmen, wird die Katze der Globalisierung mit der Maus der Menschenrechte kurzen Prozess machen.

Und die Demokratie, diese jahrtausendealte Erfindung argloser Athener, für die dieses Wort im sozialen und politischen Kontext ihrer Zeit und gemäß der damals üblichen Ausdrucksweise eine Regierung des Volkes, für das Volk und durch das Volk bedeutete? Ich bekomme oft von Menschen, deren Überzeugungen über jeden Zweifel erhaben sind, sowie von anderen, die versuchen, so zu tun, als besäßen sie solche Überzeugungen, Folgendes zu hören: Zwar befinde sich der Großteil des Planeten zweifellos in einem katastrophalen Zustand, doch in einem allgemein demokratisch verfassten System stünden die Chancen, den Menschenrechten voll und ganz – oder wenigstens in ausreichendem Maße – Geltung zu verschaffen, immer noch am besten.

Nichts richtiger als das, vorausgesetzt, das Gesellschaftssystem, das wir gegenwärtig Demokratie nennen, wäre wirklich demokratisch. Was es nicht ist. Es stimmt, dass wir zur Wahl gehen können, dass wir als Wahlberechtigte unsere Souveränität – in der Regel über politische Parteien – delegieren und so über unsere Repräsentanten im Parlament entscheiden können. Und es stimmt auch, dass aus dem zahlenmäßigen Gewicht solcher Repräsentationen und aus den politischen Koalitionen, die für die erforderliche Mehrheit unerlässlich sind, immer eine Regierung hervorgeht. Das alles stimmt, aber es stimmt auch, dass die Möglichkeit demokratischen Handelns damit zugleich beginnt und endet.

Der Wähler mag eine ihm unliebsame Regierung abwählen und durch eine andere ersetzen können, aber niemals – das war so, das ist so und das wird immer so sein – hat seine Stimme irgendwelche sichtbaren Auswirkungen auf die einzige wirkliche Macht, die diese Welt, also auch sein Land und ihn selbst, beherrscht: Ich spreche natürlich von der Macht der Wirtschaft, insbesondere von jenem Bereich der Wirtschaft, deren ständiges Wachstum multinationale Konzerne durch Machtstrategien sichern, die sich nicht im Entferntesten mit jenem Gemeinwohl vertragen, dem die Demokratie nach eigener Definition zu dienen hat. Wir alle wissen, dass es so ist, und trotzdem reden wir weiter von Demokratie, als würde irgendein verbaler oder mentaler Automatismus uns daran hindern, die Dinge bei ihrem wirklichen Namen zu nennen. Reden von ihr wie von etwas, was existiert und funktioniert, obwohl uns von ihr nichts geblieben ist als ein Arsenal ritualisierter Prozeduren, harmlose Wortgefechte und Gesten wie in einer Art weltlichem Gottesdienst.

Und als hätten wir keine Augen im Kopf, bemerken

wir nicht, dass unsere Regierungen, jene, die wir letzten Endes zum Besseren oder Schlechteren gewählt haben, für die also in erster Linie wir verantwortlich sind, Tag für Tag mehr zu den »Politkommissaren« der Wirtschaft werden, deren eigentliche Aufgabe darin besteht, der Wirtschaft genehme Gesetze auszuarbeiten. Diese Gesetze werden dann, in öffentlichen oder privaten Werbekampagnen mundgerecht aufbereitet, auf dem sozialen Markt eingeführt, ohne dass sie allzu viel Protest ernten, außer bei gewissen ewig unzufriedenen Randgruppen.

Was tun? Von der Literatur bis zur Ökologie, von der Ausdehnung des Universums über den Treibhauseffekt und die Abfallbeseitigung bis hin zum Verkehrskollaps wird auf dieser Welt alles diskutiert. Nur das demokratische System steht nicht zur Debatte – als handle es sich dabei um etwas ein für alle Mal Feststehendes, etwas naturgemäß und bis ans Ende der Zeiten Unantastbares. Aber wenn ich mich nicht sehr irre, wenn ich noch eins und eins zusammenzählen kann, dann ist es allerhöchste Zeit, dass neben etlichen anderen notwendigen Diskussionen eine weltweite Debatte über die Demokratie und die Gründe für ihren Niedergang in Gang kommt; eine Debatte über die Beteiligung der Bürger am politischen und sozialen Leben; über das Verhältnis zwischen den Staaten einerseits und Wirtschaft und Finanzwelt andererseits; über das, was die Demokratie stärkt, und das, was sie tödlich bedroht; über das Recht auf ein Leben in Glück und Würde; über Elend und Hoffnung der Menschheit oder, um es weniger rhetorisch zu sagen: der Menschen, die die Menschheit ausmachen – einzeln oder in ihrer Gesamtheit. Den schlimmsten Fehler begeht, wer sich selbst betrügt. Und doch leben wir so.

Mehr habe ich nicht zu sagen. Oder doch, ein Wort noch, mit dem ich Sie um einen Augenblick der Stille bitten möchte. Der Bauer von Florenz ist gerade wieder auf den Glockenturm gestiegen. Gleich wird die Glocke läuten. Schenken wir ihr Gehör.

## Breite Wege eröffnen sich dem freien Menschen

**Bernard Cassen**

Am Ende Ihrer Rede, lieber José Saramago, haben Sie um einen Moment Stille gebeten: Sie wollten jenen Bauern aus Florenz würdigen, der nach vier Jahrhunderten zurückgekehrt, wieder in den Glockenturm hinaufgestiegen ist. Sie waren nicht zu verstehen. Denn nicht Stille antwortete Ihnen, sondern ein Geläut in höchsten Tönen, das einhellige Sturmgeläut der vielen Tausend Glocken, die wir sind und das uns zusammengerufen hat, um einstimmig Ihren Worten Nachdruck zu verleihen.

Heute stimmen wir, Mitglieder und Freunde von Attac, mit diesem Bauern aus Florenz überein. Doch nicht weil wir die Totenglocke läuten, sondern weil wir im Gegenteil endlich einen anderen Ton zu Gehör bringen wollen als den, mit dem man uns seit einem Vierteljahrhundert unaufhörlich in den Ohren liegt. Unser Sturmgeläut gilt der Gleichheit, der Solidarität, der Demokratie, und es will vor allem den Vorrang menschlicher Zweckbestimmung über die Interessen der Finanzwelt einläuten. Und dieses Geläut klingt ganz und gar anders als das, was unser Florentiner Bauer gehört hätte, wäre er nach Lyon gekommen, wo sich dieser Tage die Herren des Medef[1] (ich spreche deshalb nicht von Damen und Herren, weil nur wenige Damen dort anwesend waren) ihrem bevorzugten Zerstörungsspiel hingaben. Ich meine die Zerstörung jener Institutionen und Gesetze, die in Frankreich noch übrig geblieben sind, um die Gesellschaft, die Werktätigen und im weitesten Sinne die *Citoyens* gegen die Diktatur der Märkte und der Aktionäre zu schützen.

»Attac im Zénith«, diese Ankündigung war bestimmt ein Magnet für das Publikum, aber auch ein gut gewählter Titel füllt noch keinen Saal. Wenn Ihr so zahlreich gekommen seid, und viele von Euch aus den entlegensten Regionen Frankreichs, dann weil Ihr begriffen habt, was auf dem Spiel steht. Was wollen wir, warum sind wir heute hier? Wir sind zusammengekommen, weil wir bekräftigen wollen, dass eine andere als diese uns bekannte Welt möglich ist; dass die liberalen Politikformen, deren Verwüstungen immer offenkundiger werden, kein unabwendbares Schicksal sind; dass wir damit beginnen können, alternative Lösungen zu denken und vorzustellen, ja, dass wir sogar von einem Frankreich, einem Europa und einer Welt träumen können, wo jene Gerechtigkeit herrscht, die heute, José Saramago führte es uns vor Augen, fortdauernd verhöhnt und in ihr Gegenteil verkehrt wird.

Der Zeitpunkt unserer Intervention ist kein beliebiger Zeitpunkt, es stehen wichtige Wahlen an, was, zumindest theoretisch, zu öffentlichen Debatten herausfordern sollte. Es stellt sich also die Frage, wie wir uns in diese Debatten einbringen, damit unsere Mitbürger und

**1** Mouvement des Entrepreneurs de France, der französische Unternehmer- und Arbeitgeberverband (A.d.Ü.)

Mitbürgerinnen unseren Analysen und Vorschlägen zustimmen können, wobei nicht in Vergessenheit geraten sollte, dass dieser Kampf nicht mit dem Wahltag endet. Denn es handelt sich um einen Kampf der langen Dauer, der auf nichts Geringeres zielt als auf die Bekämpfung und Ausrottung des Virus des neoliberalen Einheitsdenkens, das so lange schon das Denken infiziert – damit die *Citoyens* endlich wieder zu einem gemeinschaftlichen Handeln zurückfinden.

Diese Haltung war kaum zu vereinbaren mit der üblichen Praxis einer direkten Befragung von Kandidaten und Parteien, wie es normalerweise und vollkommen legitim viele gesellschaftliche Repräsentanten, Gewerkschaften oder andere Vereinigungen praktizieren. Ein Fragenkatalog wird entworfen, Antworten gesammelt, die miteinander verglichen werden, um eventuell Ratschläge zu den Wahlen geben zu können. Das mag seinen Sinn haben, wenn es um punktuelle Maßnahmen geht; auch wir propagieren eine ganze Anzahl gezielter Maßnahmen, ob sie gentechnisch veränderte Organismen betreffen, sozialstaatliche Einrichtungen oder Steuerparadiese. Maßnahmen, zu denen man ohne Ausflüchte »ja« oder »nein« sagen können muss.

Viel schwieriger gestaltet sich die Aufgabe, wenn es um ein so umfassendes Ziel wie das unsere geht, das darauf ausgerichtet ist, die Gesellschaft wieder in Bewegung zu bringen, damit sie einen Schlussstrich zieht unter Fatalismus und Resignation. Dieses Vorhaben muss sich auf konkrete Maßnahmen stützen können, aber kann sich nicht darauf beschränken, zumal es uns darum geht, die derzeit dominierende Wertehierarchie zu erschüttern und umzukehren, indem die Bedürfnisse und das Bestreben der Gesellschaft wieder als maßgebend gesetzt und Ökonomie und Finanzen an ihren Platz verwiesen werden. Und dieser Platz ist keineswegs gering zu schätzen: nämlich Dienerin und nicht Herrin der Gesellschaft zu sein.

Wir haben uns also für ein anderes Vorgehen entschieden: uns an die französische Gesellschaft in ihrer Gesamtheit zu wenden und nicht an die Kandidaten als solche. Deshalb auch wird das Attac-Manifest 2002, auf das ich noch zu sprechen komme, in einer Erstauflage von 500 000 Exemplaren erscheinen, diese Zahl liegt um einiges höher als die Zahl aller Kandidaten und Attac-Mitglieder zusammen!

Manche Leute, die hofften, uns in die Falle locken zu können, empfahlen uns als Möglichkeit, uns an die Gesamtgesellschaft zu wenden, unsere Vorschläge dem Wählervotum zu unterwerfen und unsererseits Kandidaten aufzustellen. Ein solches Vorgehen wäre ein doppelter Irrtum gewesen. Zum einen, weil das Programm von Attac ein sehr weites Feld abdeckt und insofern gar nicht geeignet wäre, ein einheitliches Regierungsprogramm zu entwerfen. Als Bündnis einer Bewegung haben wir keine und wollen wir keine offizielle Meinung haben, zum Beispiel über Korsika, um ein aktuelles Thema anzusprechen, über Atomenergie oder die zukünftige Gestaltung der Institutionen der Europäischen Union. Zu all diesen Fragen haben wir unsere individuellen, aber unterschiedlichen Meinungen; wir arbeiten ausschließlich über die Probleme, die uns zusammenbringen – und bei der umfangreichen Materie gibt es genug zu tun. Bei Bedarf kämpfen wir auch gleichzeitig innerhalb anderer Strukturen – Parteien oder Assoziationen – für Ziele, die uns hier auseinanderbringen könnten.

Zum anderen wäre die Bewerbung um ein Wahlmandat auch deshalb ein Irrtum, weil dies zu einem Konkurrieren untereinander führen würde. Unter den Mitgliedern von Attac finden sich auch Anhänger verschiedener Parteien, doch noch mehr Mitglieder sind dabei, die sich von keiner politischen Formierung angesprochen fühlen. Sie alle haben ihren Platz bei Attac ab dem Moment, in dem sie die Attac-Programmatik als verbindlich akzeptieren wie sie im ersten Artikel der Attac-Statuten zusammengefasst ist, den ich zitiere: »Erarbeitung und Verbreitung von Informationen sowie Förderung und Durchführung von Aktionen jeder Art, damit die Bürger die Macht zurückgewinnen, die die Finanzwelt auf alle Aspekte des politischen, sozialen und kulturellen Lebens in der ganzen Welt ausübt.«

Diejenigen in den Führungszentralen, die den Einfluss und die Einmischung von Attac fürchten, mögen also beruhigt sein: weder stellen wir selbst einen Kandidaten, noch unterstützen wir bestimmte Kandidaten, für welche Wahl auch immer. Allzu beruhigt wiederum sollten sie sich nicht zurücklehnen, denn wir werden uns darauf verstehen, einem jeden von ihnen unaufhörlich die Melodie der Demokratie vorzuspielen. Vor allem aber wollen wir diejenige Bewegung sein, die das Kräfteverhältnis verändert, wie der Dichter[2] sagt. Dieser Anspruch definiert unser Selbstverständnis als Bewegung der Volksbildung, die auf das Handeln ausgerichtet ist.

**2** Der Dichter ist Charles Baudelaire (1821-1867) und gemeint ist eine Verszeile aus dem Gedicht La Beauté/Die Schönheit der *Fleurs du Mal* (Die Blumen des Bösen). Den Vers spricht die zum Idealtypischen erhobene »Schönheit« in Abwehr der sozialpolitischen Wirklichkeit: »Je haïs ce mouvement qui déplace les lignes.« (»Ich hasse diese Bewegung, die die Maße verschiebt.«) (A.d.Ü.)

Es gilt, das Kräfteverhältnis zu verändern zwischen den Verfechtern des Liberalismus, dieser modisch zurechtgemachten zweihundert Jahre alten Ideologie auf der einen Seite, und den Verfechtern einer solidarischen Gesellschaft auf der anderen Seite, einer sich in ihren Grundfesten solidarisch definierenden Gesellschaft, solidarisch mit anderen Gesellschaften und mit den zukünftigen Generationen. Wie beim Rugby-Spiel geht es darum, den gegnerischen Stürmer mit aller Kraft immer weiter zurückzudrängen, um den Ball halten und Punkte markieren zu können.

Wer wollte bestreiten, dass wir in den nur dreieinhalb Jahren unseres Bestehens einige Punkte markieren konnten. Ein solcher Punkt ist die grundsätzliche Befürwortung der Tobin-Steuer seitens des Parlaments, eine von den wechselnden Finanzministern mit Zähnen und Klauen bekämpfte Maßnahme, ein hoch symbolischer Markierungspunkt – und in der Politik zählen Symbole. Des weiteren haben wir, wie auch andere, dazu beigetragen, den Liberalismus bloßzustellen, wenn auch nicht ganz ohne seine unfreiwillige Hilfe. Um nur einige Beispiele zu nennen, erinnere ich an die so genannten börsenabhängigen Entlassungen, die den Aktienkurs hochtreiben sollten, bei Michelin, Danone und Marks & Spencers[3]; diese Beispiele sowie »die Desintegration Argentiniens

**3** Die von der Tageszeitung *Le Monde* Anfang Januar 2001 enthüllte »Affaire Danone« erregte großes Aufsehen in Frankreich. Denn das französische Traditionsunternehmen, dessen Chefs wegen der vorbildlichen Sozialstandards einst als Patrons de gauche (»linke« Chefs) galten, hatte insgeheim Massenentlassungen in Frankreich und weiteren europäischen Niederlassungen geplant – trotz eines Rekordumsatzes im Jahre 2000. Nicht zuletzt lokale Attac-Komitees trugen entscheidend dazu bei, die Öffentlichkeit über die Hinter-

im Rahmen der Globalisierung«, um einen Ausspruch des derzeitigen Präsidenten Duhalde zu verwenden, eignen sich bestens, die *Citoyens* ins Bild zu setzen, damit sie wissen, woran sie sind.

Intellektuell und sozial ist der Nachruf auf den Liberalismus schon verfasst, aber er wurde noch nicht veröffentlicht, da der Totgesagte noch zu lebendig ist. Von den Zivilgesellschaften längst zurückgewiesen, um nicht zu sagen ausgespuckt, ist der Liberalismus noch immer Grundgesetz der Führungskräfte in nationalen, europäischen und internationalen Institutionen und in fast allen Medien. Diese Kluft erzählt einiges über die heutige Funktionsweise der Demokratie, wie José Saramago zu Recht hervorhob.

Gewisse Liberale führen einen Kampf als Nachhut, doch genau darum wüten sie unter Einsatz aller Mittel noch heftiger. Unter diesem Aspekt möchte ich mich gar nicht so sehr auf den Medef stürzen, sondern im Gegenteil dem Arbeitgeberverband den verdienten Ehrenplatz im Panthéon des Liberalismus zuweisen: den eines Anti-Attac. Die verblüffenden Vorschläge und Ausführungen seiner Wortführer stellen tatsächlich exakt die Antithesen zu den Werten dar, die wir propagieren, und dabei kommt ihnen das Verdienst zu, offen Farbe zu bekennen. Trotz des ideologischen Durcheinanders, bei dem sich

gründe der Umwandlung des Unternehmens in einen multinationalen Konzern aufzuklären, dessen Marschroute Großaktionäre wie der Crédit Lyonnais, Vivendi-Universal und amerikanische Pensionsfonds vorgeben. Der Fall Danone geriet zum nationalen Lehrstück, am Boykott beteiligten sich ganze Gemeinden und zahlreiche Schulen in ganz Frankreich, die die Milchprodukte nicht länger in den Pausen verkauften. (A.d.Ü.)

Adam Smith, Tocqueville, Hegel, die Theoretiker von Tony Blair und die amerikanische extreme Rechte vermischen, hatte der Vize-Präsident der Arbeitgeberorganisation, Denis Kessler, immerhin eine Grundidee, die nämlich, dass man aktiv die soziale Unsicherheit vorantreiben müsse. Ich übertreibe nicht, denn gemeinsam mit seinem Kollegen François Ewald pries er kürzlich gegenüber der Zeitung *Le Monde* Risikobereitschaft als »Wert aller Werte«.

Unter Risiko sind die Bedrohungen jener Werte zu verstehen, die eine Zivilisation vom Gesetz des Dschungels unterscheiden. Ich meine den gesetzlich garantierten Zugang aller Menschen zu Ausbildung, zu Krankenversorgung, zu Kultur, zu Alterssicherung; ich meine das Recht auf Arbeit, das Recht auf eine Wohnung; ich meine auch die Garantien darauf, dass das Ökosystem überleben kann, das wir unseren Kindeskindern vermachen. Tatsächlich sind die genannten Bedrohungen allen liberalen Politikformen gemeinsam. In der Regel verteidigen sich ihre maskierten Propagandisten, indem sie den vermeintlichen Nutzen des Konkurrenzsystems für die öffentlichen Dienstleistungen preisen, die Notwendigkeit von Pensionsfonds anstelle des Rentensystems durch Einzahlung in eine staatliche Rentenkasse und viele andere Maßnahmen mehr, die nur allzu schlecht den Finanzhunger großer Unternehmensgruppen verbergen. Doch besagtem Monsieur Kessler vom Arbeitgeberverband, der das Risiko als höchste Tugend beschwört, muss man bescheinigen, dass er immerhin die Verwegenheit hatte, wenn nicht den Zynismus, öffentlich das auszusprechen, was seine Freunde nur im Privaten zugeben würden.

Wenn diese Herren von Risiko sprechen, dann denken sie natürlich nicht an sich selbst. Die Führungskräfte großer Unternehmen achten peinlich genau darauf, sich von ihren Verwaltungsräten enorme Abfindungen sichern zu lassen, was man »goldene Fallschirme« nennt für den Fall vorzeitigen Ausscheidens. So schied zum Beispiel Marc Lassus vor kurzem bei der Gruppe Gemplus mit einem Scheck von 12 Millionen Dollar aus dem Geschäft aus. Gewöhnliche Angestellte genießen nicht die gleiche Vorsorge. Ein aktueller Vorgang bietet uns ein hervorragendes Beispiel, das Herr Kessler, übrigens auch Sprecher der Lobby der Versicherungsunternehmen, in Lyon gewiss nicht in seinem Plädoyer für die Einführung von Pensionsfonds nannte. Es handelt sich um den Konkurs der Gruppe Enron, siebtgrößtes Unternehmen der USA mit einem Umsatz von 100 Milliarden Dollar, verursacht durch betrügerische Machenschaften. Tausende seiner Angestellten verloren nicht nur ihre Arbeit, sondern auch ihre Rente. Sechzig Prozent ihrer in den Pensionsfonds eingezahlten Beiträge nämlich waren vom eigenen Unternehmen in Aktien investiert worden, deren Kurs in wenigen Tagen von 90 Dollar auf weniger als einen Dollar fiel. Diese Betroffenen hätten gewiss einiges zu sagen zum Thema Risiko als »Wert aller Werte«. Diejenigen unter ihnen, die für Bush gestimmt hatten, mögen sich vielleicht damit trösten, dass ihr Unternehmen Bush eine Summe von 726.000 Dollar für seine Wahlkampagne überwiesen hatte.

Ihr wisst nun, wogegen wir ankämpfen und welche dem entgegenstehenden Werte wir voranbringen wollen. Unsere Wertvorstellungen und Vorschläge sind in dem Manifest ausgeführt, das wir vorbereitet haben. Ich will hier drei seiner Leitlinien hervorheben. Die erste ist einfach: demokratische Einmischung auf allen Ebenen, global und lokal, als wirkungsvollste Methode, das liberale Projekt zu konterkarieren. Dies setzt informierte und überzeugte *Citoyens* voraus, und daher legt Attac den Schwerpunkt auf Volksbildung und Volkserziehung, weniger im Sinne schulmeisterlicher Lehren, sondern gedacht als Lernprozess in selbständiger kritischer Aneignung.

Der zweite Leitgedanke gilt dem Bemühen, ein Bewusstsein darüber herzustellen, wie viele gesellschaftliche Bereiche überhaupt keiner demokratischen Kontrolle durch gewählte Repräsentanten oder Bürgerbewegungen unterliegen. Nicht zufällig sind es genau die bedeutendsten Institutionen, in denen wesentliche, das Weltgeschehen strukturierende Entscheidungen getroffen werden: die Europäische Union und ihre inoffiziellen oder offiziellen multilateralen Organismen, die G7, der Internationale Währungsfonds, die Weltbank, die Welthandelsorganisation, die Organisation für Entwicklung und Zusammenarbeit sowie Dutzende andere, über die wir gar nichts wissen.

Diese öden, bis zum Überdruss geführten Parlamentsdebatten über einen Termin zur Eröffnung der Jagdsaison sind eine Parodie auf die Demokratie, wenn zugleich in wenigen Minuten eine Debatte über das GATT-Abkommen[4] vom Tisch gefegt wird. Die Parodie steigert sich zum Skandal, wenn Parlamentarier und Öffentlichkeit erst ein Jahr später – und dann noch vage –

**4** Gemeint sind die Vereinbarungen der GATT-Runde von 1994 in den Bereichen Zölle und Handelsregeln, die einen zentralen Schritt zum »freien« Welthandel bedeuteten. Am 1. Januar 1995 schließlich wurde das GATT-Abkommen, das Allgemeine Zoll- und Handelsabkommen von 1949, durch die WTO (World Trade Organisation) abgelöst. (A.d.Ü.)

etwas über die von Frankreich getroffenen Stellungnahmen gegenüber dem Internationalen Währungsfonds und der Weltbank erfahren. Wir können unsere Aufgabe internationaler Solidarität nicht wahrnehmen, wenn wir uns über die in unserem Namen gefassten Entscheidungen nicht auseinandersetzen können, Entscheidungen, die sich auf das Leben von hunderttausenden Bewohnern des Planeten auswirken werden. Wenn man weiß, welche katastrophale Rolle die Weltbank und der Währungsfonds in den Entwicklungsländern spielen, hat man das Recht zu erfahren, welche Maßnahmen der französische Administrator dieser beiden Institutionen (bei denen Frankreich fünf Prozent Kapitalanteil hat) unterstützt oder bekämpft. Leider kennen wir die Antwort: systematische Angleichung an die Position der Vereinigten Staaten. Die Völker, die solche Strukturangleichungsprogramme und das Gewicht der Schuldenlast erleiden, können mit Fug und Recht jene Regierungen anklagen, die ihnen diese Maßnahmen aufbürden, darunter die französische Regierung und in letzter Konsequenz auch diejenigen, die sie gewähren lassen: uns.

Aus diesem Wissen und Bewusstsein folgert eine Aufgabe: Wenn sich über diese Fragen nicht spontan eine Debatte herstellt, ist es an den Attac-Streitern, sie auszulösen. Eigentlich müssten sich alle Kandidaten, die das gesetzgebende Mandat ernst nehmen, auf unserer Seite wiederfinden.

Das gilt in besonderer Weise für europäische Angelegenheiten, wo man eine Reihe geplanter Maßnahmen, die sich auf öffentliche Einrichtungen und Dienste auswirken werden, vorläufig auf Eis gelegt hat, um die französischen Wähler nicht abzuschrecken, von denen man weiß, dass sie auf dem Erhalt dieser sozialstaatlichen Einrichtungen bestehen. Der ultra-liberale spanische Regierungschef José Maria Aznar, der derzeit den Vorsitz in der Europäischen Union inne hat, verkündete bereits sein Vorhaben, Entscheidungen über eine umfassende Liberalisierung in bezug auf Strom- und Gasversorgung, Postdienste und Schienenverkehr treffen zu lassen. Kunden, Nutzer und Arbeiter von EDF, GDF, der Post und der SNCF[5], wir sind vorgewarnt. Und was die SNCF angeht, so setzen das tägliche Chaos und die Zahl tödlicher Unfälle als Folge der Privatisierung der britischen Eisenbahn ihrer Liberalisierungswut offensichtlich keine Schranken.

Die endgültigen Entscheidungen werden auf dem nächsten Gipfeltreffen im Juni in Sevilla gefällt, in weiser Voraussicht also nach den französischen Wahlen. Heute wollen wir die eindeutige Position der verschiedenen Kandidaten erfahren, und nicht erst bei Gelegenheit dieses Gipfeltreffens. Einmal mehr erklärte uns die Zeitung *Le Nouvel Economist* in ihrer letzten Ausgabe, dass sich die Reformen »europäischen Zwängen« beugen müssten, ein bei Politikern sehr geschätztes Alibi. Doch als Alibi ist die vermeintliche »europäische Zwangsgemeinschaft« entlarvt; ein jeder sollte offen seine Positionen bekennen.

Ich komme zum dritten Leitgedanken: der Einschreibung fast aller unserer Kampagnen nicht allein in eine internationale Perspektive, sondern ihre grundsätzlich internationalistische Ausrichtung, denn unser gemeinsamer Wert ist Solidarität. Ob es um die Tobin-Steuer,

5 EDF und GDF: Electricité et Gaz de France; SNCF: Société National des Chemins de Fer, Eisenbahngesellschaft (A.d.Ü.)

die Schuldenfrage, Steuerparadiese, die Ablehnung der totalen Vermarktbarkeit alles Lebendigen durch die Welthandelsorganisation oder gentechnisch veränderte Organismen geht, unsere Kämpfe haben eine europäische und eine internationale Dimension, denn diese Bereiche betreffend werden die maßgeblichen Entscheidungen gefällt werden. Das wiederum setzt voraus, dass wir uns in jedem der genannten Bereiche vorrangig darum werden bemühen müssen, uns hier in Frankreich zu bewegen, und das müssen wir alle zusammen tun. Aber wir können das nicht alleine tun, dabei brauchen wir Unterstützung. Dass zu unseren Gründungsmitgliedern sehr unterschiedliche Gewerkschaften und Vereinigungen gehören, ist, so gesehen, ein besonders wertvoller Trumpf: es ermöglicht einer noch sehr jungen Vereinigung, das Wissen und die Verantwortung in gegenseitiger Ergänzung zum Ausdruck zu bringen.

Der Aufbau eines Netzwerkes von Attac-Strukturen auf internationaler Ebene, das schon in mehr als 40 Ländern als breites Bündnis existiert, ist der Kern unserer Strategie. Viele dieser Attac-Bündnisse spielen dieselbe Rolle wie Attac-Frankreich: sie sind Anziehungspunkte für kämpferische, pluralistische Energien und sie lassen sich von niemandem einseitig vereinnahmen. Bei all diesen Bündnissen lassen sich zwei mit Attac-Frankreich übereinstimmende wesentliche Merkmale ausmachen: das spontan angenommene Profil einer Bewegung der Volksbildung, die auf das Handeln zielt und die Fähigkeit, Frauen und Männer anzusprechen, die sich nicht unbedingt in einer Partei und auch nicht in einer Gewerkschaft wiederfinden könnten. Im Kampf gegen die neoliberale Mobilmachung und in der Ausarbeitung alternativer Entwürfe dagegen bezieht Attac auf diese

Weise Kräfte ein, die bislang keinen für ihr Denken und Handeln geeigneten Rahmen gefunden hatten.

Es bleibt zu fragen, ob die Ereignisse vom 11. September diese Mobilisierung beeinträchtigen konnten und welche Rolle das Zweite Weltsozialforum von Porto Alegre spielen wird.

Beide Fragen sind miteinander verbunden und ich will sie zusammen beantworten. Gewissen Kommentatoren zufolge ist zwischen dem ersten Weltsozialforum im Januar 2001 und dem bevorstehenden Weltsozialforum vom 31. Januar bis 5. Februar nicht ein Jahr vergangen, sondern ein Jahrhundert. Nach dem 11. September, so das verbreitete Klischee, sei nichts mehr wie vorher.

Es wäre erstaunlich gewesen, hätte die liberale Propagandamaschine nicht von den Emotionen zu profitieren versucht, die der terroristische Akt von New York und Washington hervorrief, indem sie sich sogleich bemühte, der öffentlichen Meinung die doppelte Gleichung »Kampf gegen die neoliberale Globalisierung = Anti-Amerikanismus = Komplizenschaft mit Bin Laden« aufzuzwingen. Dieser Versuch, die pazifistisch eingestellten Gegner der Diktatur der Märkte und der transnationalen Konzerne zu kriminalisieren, hatte schon vorher eingesetzt. Die Polizeimaschinerie von Genua mit ihren tragischen Konsequenzen stellte im Juli letzten Jahres einen spektakulären Höhepunkt dar. Während diese Operation psychologischer Kriegsführung bei der öffentlichen Meinung in Europa nicht ankam, stehen nun seit Herbst noch überzogener als gewöhnlich die Prioritäten amerikanischer Politik an erster Stelle auf der Medienagenda; die Ausrichtung auf das Weiße Haus und auf Afghanistan, wo zuvor der Berichterstattung über soziale Proteste mehr Platz eingeräumt worden war. In Doha schließlich gelang es George Bush, seine Partner in der Welthandelsorganisation, vor allem die europäischen, unter dem Banner des »Kampfes gegen den Terrorismus« zu sammeln.

Es läßt sich hier beobachten, wie die Globalisierung des Finanzmarktes sich in neuer Gestalt entpuppt: in Gestalt ihrer Militarisierung nämlich. Doch beseitigt diese Militarisierung nicht die Widersprüche, die die Finanzglobalisierung mit sich bringt, ganz im Gegenteil. So erinnert die Finanzkrise in Argentinien diejenigen daran, die Zweifel gehabt haben könnten, dass die Globalisierung unter der Ägide des Internationalen Währungsfonds, der Weltbank und der G7 in ihren Verwüstungen fortschreitet – 11. September hin oder her. Die Strukturangleichungsprogramme, die Zahlung der Zinsen für die Auslandsschulden, der ungezügelte Warenverkehr blutet ganze Bevölkerungen aus. Dreißigtausend Kinder unter fünf Jahren sterben täglich an Unterernährung und mangelnder medizinischer Versorgung.

Die klarsichtigsten Liberalen, allen voran die der angelsächsischen Finanzpresse und der multilateralen Institutionen, machen sich keine Illusionen. Sie wissen genau, dass die am 10. September gestellten Fragen auch am 12. September weiter bestanden, und noch mehr am 19. Januar bestehen, und dass sie darum die radikale Kritik nicht so bald los sein werden, wie sie massiv auf den Straßen von Seattle, Washington, Millau, Prag, Nizza, Buenos Aires, Québec, Göteborg, Barcelona, Genua, Liège, Gand, Brüssel zum Ausdruck gebracht worden ist; wenngleich es ein reelles Risiko gibt, dass sich eine Logik des Kriegs festsetzen könnte, die darauf aus ist, die globalisierungskritischen Bewegungen in den Ländern des Südens nicht nur zu marginalisieren, sondern sie zu beseitigen.

In diesem Zusammenhang wird die zweite Ausgabe von Porto Alegre nach Monaten des unaufhörlichen medialen Einhämmerns, das die Spezialeinheiten und B-52-Bomber als »Ehrenritter« der leidenden Menschheit ausgeben wollte, eine Rückkehr zum Realitätsprinzip darstellen. Die sozialen Bewegungen – Gewerkschaften und Vereinigungen – ebenso wie die durch allgemeines Wahlrecht gewählten politischen Repräsentanten, die in diesem Jahr zahlreicher als im vergangenen Jahr anwesend sein werden, sie alle bringen den Widerstand, die Hoffnungen, Forderungen und Vorschläge eines guten Teils der Welt zum Ausdruck: Nicht die Stimme von CNN wird zu hören sein, sondern die der Völker, angesichts einer liberalen Globalisierung, die mehr denn je die eiserne Faust des Militarismus und die drastische Beschneidung bürgerlicher Rechte nötig hat. Das kann man heute in den USA beobachten, wo im Ausnahmezustand Militärgerichte geschaffen wurden, die unter Geheimhaltung, einen eventuellen Vollzug der Todesstrafe inbegriffen, funktionieren – was an Praktiken totalitärer Regime erinnert; ebenso sind es die Vereinigten Staaten, die auf ihrer Militärbasis in Guantanamo, dem von den USA unrechtmäßig besetzten kubanischen Territorium, einen tropischen Gulag eingerichtet haben. Auch in Europa ist das gleiche Abdriften in extreme Sicherheitsmaßnahmen zu beobachten, das einen Angriff auf die Bürgerrechte und öffentlichen Freiheiten darstellt.

Angesichts dieser Regression sagen wir: »Das nicht. Nie wieder!« Und mit uns werden es viele andere sagen. Unsere Versammlung heute ist Teil der Vorbereitung des international bedeutenden Ereignisses, des Weltsozialforums. Porto Alegre wird internationaler Stützpunkt für unsere Aktionen in Frankreich sein, wo wir leben, arbeiten und den Auswirkungen der liberalen Politik ausgesetzt sind. Diese Aktionen definieren sich nicht allein im Blick auf Wahlen. Wenn es genügen würde, wählen zu gehen, damit die Welt besser, gerechter und solidarischer würde, sie wäre es längst. Wenn Nichtwählen das bessere Mittel wäre, um dieses Ziel zu erreichen, dann wüsste man das auch längst. Weit davon entfernt, demokratische Praxis auf ihre Formen von Delegation und Repräsentation reduzieren zu wollen, sei es auf lokaler, nationaler, europäischer oder internationaler Ebene, denken wir bei Attac, dass eine abgegebene Stimme wohl zählt, dass sie manchmal sogar den Verlauf der Geschichte ändern kann, wenn sie womöglich Ausdruck eines veränderten Kräfteverhältnisses in dem betreffenden Land ist. Und das Votum zählt umso mehr, wenn das, was auf dem Spiel steht, Gegenstand erhellender Debatten war und wenn gut informierte *Citoyens* sich im vollen Bewusstsein ihrer Beweggründe entscheiden konnten – und nicht etwa ihren Delegierten einen Blankoscheck ausstellen.

An uns ist es nun, unsere Mitbürger davon zu überzeugen, dass jede militante Handlung[6], jede Beteiligung an einer Aktion und jede neu gewonnene Einsicht zählen und auch jede einzelne Wählerstimme. Das Erwirken neuer Kräfteverhältnisse, um die Dinge – national und weltweit – in Bewegung zu bringen, ruht in letz-

**6** Die deutsche Sprachregelung hat den politischen Begriff »militant« solcherart verriegelt, dass die Bedeutung sofort negativ konnotiert ist und man ausweichen muss auf »kämpferisch« oder »streitbar« – nicht so im Französischen. Mir erschien es daher sinnvoll, den französischen Begriff beizubehalten. (A.d.Ü.)

ter Instanz auf der individuellen Beteiligung eines jeden Einzelnen von uns. Von morgen an werden wir uns in unseren Städten, auf dem Land, an unseren Arbeitsplätzen und insbesondere in den lokalen Attac-Komitees zu Fürsprechern dieses ehrgeizigen Zieles machen und daran arbeiten, dass die Gesellschaft dieses Ziel teilt.

Ich denke oft und immer wieder mit der gleichen Ergriffenheit an die wunderbare improvisierte letzte Radioansprache von Salvador Allende vor dem finalen Sturmangriff des chilenischen Militärs auf den Regierungspalast La Moneda, das im Verbund agierte mit einer internationalen terroristischen Vereinigung, dem CIA. Das war am 11. September 1973, ein 11. September, den der des Jahres 2001 niemals aus unserer Erinnerung tilgen wird. Ich denke daran und sage mir, natürlich ohne die Ausgangslagen miteinander zu vergleichen, dass auch wir bei Attac mit unseren bescheidenen alltäglichen Aktionen, ich zitiere Salvador Allende[7], »aufs Neue die breiten Wege« ebnen werden, »damit der freie Mensch weiter gehen kann, eine bessere Gesellschaft aufzubauen«.

**7** Am 11. September des Jahres 1973 hatte sich Salvador Allende in einer letzten Ansprache »an die Arbeiter meines Landes« gewendet. Der einzige noch nicht geknebelte Sender *Radio Magallanes* übertrug seine Worte gegen 9 Uhr 10; die Passage dieser längeren Ansprache lautet im Original: »Trabajadores de mi Patria, tengo fe en Chile y su destino. Superarán otros hombres este momento gris y amargo en el que la traición pretende imponerse. Sigan ustedes sabiendo que, mucho más temprano que tarde, de nuevo se abrirán las grandes alamedas por donde pase el hombre libre, para construir una sociedad mejor.« (Quelle: Documentos Radiofonicos, Salvador Allende, 11/09/73; www. nodo50.org/allende/radio.htm) (A.d.Ü.)

## Morgenröte
### Von Ignacio Ramonet

Wie ist es nach den verabscheuungswürdigen Attentaten vom 11. September um den aktuellen Zustand der Welt bestellt? Zentrales Phänomen ist, dass weiterhin alle Staaten mitgerissen sind von der gewaltigen Dynamik der Globalisierung. Diese Globalisierung ist eine Art zweite kapitalistische Revolution. Sie wirkt bis in die verborgensten Winkel des Planeten und ignoriert die Unabhängigkeit der Völker ebenso wie die Verschiedenheit der politischen Systeme. Auf diese Weise erlebt die Erde eine neue Ära der Eroberung, wie im Zeitalter der großen Entdeckungen oder der Kolonisation. Während die Hauptakteure früherer Eroberungszüge jedoch Staaten waren, sind es diesmal Unternehmen und Konglomerate aus Industriegruppen und private Finanzmagnaten, die es verstehen, die Welt zu beherrschen.

Niemals zuvor waren die Herren der Welt so wenige und niemals waren sie derart mächtig. Diese Gruppen sind angesiedelt in dem Dreieck Vereinigte Staaten, Europa, Japan, das heißt in der reichen und entwickelten Welt: es ist ein Phänomen hauptsächlich des Nordens. Diese Kapital- und Machtkonzentration hat sich in den letzten zwanzig Jahren infolge der Revolutionierung der Informationstechnologien ungeheuer beschleunigt. Mit der Beherrschung der neuen Gentechnologien und den dadurch möglich gewordenen Eingriffen in die Grundlagen des Lebens ist mit Beginn des Jahrtausends ein weiterer Sprung nach vorn vollbracht. Die Privatisierung des menschlichen Genoms und das Patent auf Leben eröffnen dem Kapitalismus neue Expansionsmöglichkeiten. Eine umfassende Privatisierung aller Lebens- und Naturbereiche bereitet sich vor und begünstigt das Hervortreten einer derart absolutistischen Macht, wie man sie in der Geschichte so vermutlich noch nie gekannt hat. Einer Macht, die danach hungert, die Dinge und die Worte, die Natur und die Kultur, den Körper und die Gedanken zur Ware zu machen.

Die Globalisierung zielt nicht so sehr auf die Eroberung von Ländern, als vielmehr auf die Eroberung von Märkten. Das Hauptanliegen dieser modernen Macht ist nicht, wie zu Zeiten der großen Invasionen oder der Kolonialepoche, die Eroberung von Territorien, sondern die Inbesitznahme der Reichtümer.

Dieser Eroberungszug geht einher mit erheblichen Zerstörungen. Ganze Industrien in allen Weltregionen werden rücksichtslos verwüstet und daraus resultieren all die sozialen Leiden: massenhafte Arbeitslosigkeit, Unterbeschäftigung, Prekarität, Ausschluss und extremste Ausbeutung von Männern, Frauen und – am allerschlimmsten – von Kindern: 300 Millionen Kinder werden unter Bedingungen beispielloser Brutalität ausgebeutet.

Die Globalisierung ist auch die Ausplünderung des Planeten. Große Unternehmensgruppen plündern die Umwelt ohne jedes Maß: schrankenlos und ohne Skrupel ziehen sie ihren Profit aus den Reichtümern der Natur, die doch Gemeingut der Menschheit ist.

Das alles ist begleitet von einer mit der Geschäftswelt und großen Banken verbundenen Finanzkriminalität, die Summen von mehr als 1000 Milliarden Dollar pro Jahr waschen, das heißt ein Vielfaches mehr als das Bruttoinlandsprodukt eines Drittels der Menschheit.

Diese weltweit in Gang gesetzte Vermarktung der Worte und Dinge, der Körper und Gedanken, der Natur und Kultur führt zu einer Verschärfung der Ungleichheiten. Wir wussten, dass sich der Abgrund zwischen Reich und Arm im Verlauf der letzten beiden Jahrzehnte (1979-1999) ultraliberaler Politik vertieft hatte, doch wer hätte es sich in diesem Ausmaß vorstellen können? Während 1960 das Einkommen der 20 Prozent der Weltbevölkerung in den reichen Ländern noch fünfunddreißig mal höher war, so ist es im Jahr 2000 fünfundachtzig mal höher als das Einkommen der 20 Prozent der Ärmsten der Weltbevölkerung! In über 70 Ländern liegt das heutige Pro-Kopf-Einkommen unter dem von vor zwanzig Jahren. Weltweit leben fast 3 Milliarden Einwohner – die Hälfte der Menschheit – mit weniger als 2 Euro pro Tag.

Der Überfluss an Reichtum hat ein Niveau nie gekannten Ausmaßes erreicht, zugleich steigt die Zahl derer ohne Dach über dem Kopf, ohne Arbeit und ohne ausreichende Nahrung stetig. So haben von den 4,5 Milliarden Einwohnern der Entwicklungsländer fast ein Drittel keinen Zugang zu Trinkwasser. Jedes fünfte Kind verzehrt nicht genügend Proteine und Kalorien, und etwa 2 Milliarden Menschen – ein Drittel der Menschheit – leidet an Anämie.

Aber diese Situation ist nicht unausweichlich. Nach Angaben der Vereinten Nationen würde es genügen, den 225 größten Vermögen der Welt weniger als 4 Prozent des angehäuften Reichtums abzunehmen, um die Grundbedürfnisse der gesamten Weltbevölkerung auf Nahrung, Trinkwasser, Schulbildung und Gesundheit sicherzustellen. Die weltweite Befriedigung der Gesundheits- und Ernährungsbedürfnisse würde nur 13 Milliarden Dollar kosten, also knapp die Summe, die die Einwohner der Vereinigten Staaten und der Europäischen Union jährlich für Parfum ausgeben.

Gegenwärtig werden staatliche Strukturen ebenso wie traditionell gewachsene Sozialstrukturen in verheerender Weise hinweggefegt. Fast überall, und vor allem in den Ländern des Südens, wie uns gerade am Beispiel Argentinien vorgeführt wird, bricht der Staat zusammen. Rechtlose Zonen, nicht mehr regierbare chaotische Zusammenballungen entwickeln sich, die jeder Legalität entgehen und in einen Zustand der Barbarei verfallen, wo einzig plündernde Gangs in der Lage sind, der Zivilbevölkerung durch Erpressung ihre Gesetze aufzuzwingen. Gefahren neuen Typs tauchen auf, wie das organisierte Verbrechen, Mafia-Netzwerke, religiöse und ethnische Fanatismen, Finanzspekulation, massenhafte Korruption, Ausbreitung neuer Pandemien (Aids, Ebola-Virus, Creutzfeld-Jakob), extreme Umweltvergiftung, Klimaverschiebung, Treibhauseffekt, Versteppung weiter Gebiete, nukleare Gefahren und so fort.

Eine der Hauptverantwortlichen für dieses Endzeit-Chaos ist ohne jeden Zweifel die Globalisierung. Sie ist charakteristisches Merkmal der historischen Epoche, in die wir nach dem Mauerfall in Berlin im November 1989 und dem Verschwinden der Sowjetunion im Dezember 1991 eingetreten sind. Ihre Macht ist derart gewaltig, dass sie uns zwingt, unsere fundamentalen Entwürfe und Konzeptionen, auf welchen unsere politischen und demokratischen Strukturen seit Ende des 19. Jahrhunderts aufbauten, neu zu definieren, Entwürfe wie Nationalstaat, Souveränität, Unabhängigkeit, Republik, Demokratie, Wohlfahrtsstaat und *Citoyenneté* neu zu denken.

Der Kapitalismus in seiner derzeitigen ultraliberalen Phase verwandelt alles, was er berührt, in eine Ware; er zersetzt die gewachsenen Gemeinschaften und zerstreut die Einzelnen in der »einsamen Masse«.

Die neue Hierarchie der Staaten, wie sie sich in der Welt abzeichnet, gründet weniger in einer militärischen Übermacht zur Kontrolle der Rohstoffe als vielmehr in der Fähigkeit, die sich vollziehenden technologischen Umwälzungen zu beherrschen und die Finanzwelt zu dominieren. Die Globalisierung stellt einen immensen ökonomischen, politischen und kulturellen Bruch dar; sie unterwirft die *Citoyens* dem Einheitsdiktat, das da lautet: »sich anpassen.« Und auf jede freie Willensäußerung zu verzichten, um den anonymen Anweisungen der Märkte besser Folge leisten zu können. Die Globalisierung bedeutet die endgültige Durchsetzung des Ökonomismus: die Erschaffung eines »Weltmenschen«, bar jeder Kultur und jeden Gemeinsinns; sie zwingt dem gesamten Planeten ihre neoliberale Ideologie auf.

Ebenso wie die großen Banken im 19. Jahrhundert oder multinationale Unternehmen in den 60er bis 80er Jahren des 20. Jahrhunderts ihre Position vielen Ländern diktierten, hängt heute das Schicksal zahlreicher Länder – und in gewisser Weise des gesamten Planeten – von der Macht der Privatfonds globaler Finanzmärkte ab. Finanzmärkte sind nunmehr in der Lage, den Staaten ihre Gesetze zu diktieren. In dieser neuen politisch-ökonomischen Landschaft hat das Globale über das Nationale gesiegt und das Unternehmen über den Staat. Von Umverteilung ist keine Rede mehr, die einzige Triebkraft der Entwicklung, sagt man uns, sei das Privatunternehmen, das als Einziges im internationalen Maßstab als wettbewerbsfähig anerkannt sei und daher die einzige Institution, um die sich alles neu zu ordnen habe.

Ein Fünftel der Reichen unter der Bevölkerung verfügt auf unserem Planeten über 80 Prozent der Ressourcen, während ein Fünftel der Armen weniger als 0,5 Prozent davon besitzt.

Diejenigen werden immer zahlreicher, die eine »radikale Demokratie« fordern, in der nicht nur politische Rechte respektiert werden, sondern gleichermaßen soziale und ökonomische Rechte. Die *Citoyens* können mit ihrem Wählervotum nicht mehr dort eingreifen, wo die wesentlichen Entscheidungen getroffen werden, da diese Entscheidungsebenen nunmehr außerhalb ihrer Reichweite verlegt wurden. Vor allem die Ökonomie wird immer mehr aus dem sozialen Zusammenhang gelöst und ihre Entscheidungsträger verweigern es, sich der Verantwortung der Konsequenzen – Arbeitslosigkeit, Verarmung, Ausschluss, Ungleichheit – zu stellen, die die Übernahme des Dogmas der Globalisierung verursacht hat.

In ihrem alltäglichen Funktionsablauf wendet sich die Demokratie in Europa immer häufiger gegen die Grundlagen eines Gesellschaftsvertrags, annähernd 18 Millionen Arbeitslose und 50 Millionen Arme nimmt sie einfach hin. In den so genannten demokratischen Staaten entwickelt sich vor unseren Augen eine Gesellschaft von Rentiers gleichzeitig mit einer Gesellschaft der Ausgebeuteten. Einmal mehr zeigt sich, dass der Kapitalismus vereinbar ist mit Sklaverei, während doch Demokratie die Gleichheit der Rechte voraussetzen sollte.

Unter diesen Umständen ist es kaum verwunderlich, dass immer mehr *Citoyens* diese Demokratie für eine Täuschung halten, verraten und beschlagnahmt von einer kleinen Gruppe Privilegierter.

Weltweit ist Armut die Regel und Wohlstand die Ausnahme. Die sozialen Ungleichheiten sind zu einem der großen strukturellen Merkmale der Ära der Globalisierung geworden; und sie verschlimmern sich stetig, entfernen die Reichen immer weiter von den Armen. Einzelpersonen sind nunmehr viel reicher als Staaten: der Grundbesitz der fünfzehn reichsten Personen übersteigt das gesamte Bruttoinlandsprodukt des südlich der Sahara gelegenen Afrikas.

Wenn eine demokratisch gewählte Regierung eine Wachstum und Beschäftigung fördernde Politik zu verwirklichen versucht und deshalb bereit ist, Profite zu beschneiden und eine leichte Inflation in Kauf zu nehmen, wie es beispielsweise der venezuelanische Präsident Chavez versuchte, belegen die Investoren das Land unverzüglich mit Sanktionen, sei es durch Angriffe auf die Währung oder den massenhaften Verkauf von Unternehmensaktien. Solche rücksichtslosen Reaktionen provozieren eine Finanzkrise und machen es unmöglich, eine von Bürgern auf demokratischem Wege gewünschte Politik zu betreiben.

Die *Citoyens* vervielfachen ihre Mobilisierungen gegen die neuen Mächte; sie sind davon überzeugt, dass das eigentliche Ziel der Globalisierung zu Beginn dieses neuen Jahrtausends die Zerstörung des sozialen Kollektivs, die Aneignung der politischen und sozialen Sphäre durch den Markt und die Privatwirtschaft ist: dagegen sind sie entschlossen, sich zu wehren.

Schon viel zu lange ihrer Ausdrucksformen und Mitbestimmungsmöglichkeiten beraubt, proklamieren *Citoyens* in aller Welt und in besonderer Weise wir, die wir bei Attac zusammengekommen sind, laut und deutlich: »Genug!« Schluss damit, die Globalisierung schicksalhaft hinzunehmen. Schluss damit, den Markt anstelle gewählter Repräsentanten entscheiden zu lassen. Schluss damit, mitansehen zu müssen, wie die Welt in eine Ware verwandelt wird. Schluss mit Erdulden, Resignation und Unterwerfung.

Indem wir die Fackel des weltweiten Protests wieder aufgreifen, Freunde und Genossen, haben wir den Grundstein für eine neue Weltvertretung gelegt, in deren Mittelpunkt die Welt-Zivilgesellschaft einen zentralen Platz einnehmen sollte.

Vielleicht stellt Attac ja wirklich einen Wendepunkt dar. Denn das Verlangen nach Gerechtigkeit und Gleichheit, das wie eine untergründige Strömung die lange Menschheitsgeschichte durchzieht, taucht mit uns wieder auf. Angesichts der Verwüstungen durch die Globalisierung fordern wir Mitglieder von Attac heute die Entstehung von neuen Rechten, nachdem die politischen und sozialen Rechte erreicht sind; diesmal als kollektive Rechte: auf Frieden, eine unversehrte Natur, auf den städtischen Raum, auf Information, auf die Kindheit, auf die Entwicklung der Völker.

Ab sofort wird es undenkbar sein, diese entstehende Zivilgesellschaft nicht besser einzubinden bei den nächsten großen internationalen Verhandlungen, wo die Belange und Probleme aus den Bereichen Umwelt, Gesundheit, Finanzhoheit, Menschlichkeit, kulturelle Vielfalt, Gentechnik diskutiert werden.

Denn wir müssen uns heute darum kümmern, eine andere Zukunft aufzubauen. Es kommt nicht länger in

Frage, sich mit einer Welt zufrieden zu geben, in der es nur zwei Existenzweisen gibt: null oder unendlich. Fünf Milliarden Menschen leben im Elend, während eine Milliarde Privilegierter im Überfluss leben.

Es ist Zeit anzuerkennen, dass eine andere Welt möglich ist. Und es ist Zeit, eine neue solidarischere Ökonomie zu gründen, die auf dem Prinzip einer nachhaltigen Entwicklung beruht und den Menschen in den Mittelpunkt der Fürsorge stellt. Zu beginnen wäre mit einer Entwaffnung der Finanzmärkte. Die Zerschlagung der Finanzmacht erfordert eine Besteuerung der Kapitaleinkünfte und insbesondere der spekulativen Finanztransaktionen auf die Wechselkurse über den Weg der Tobin-Steuer.

Diesem Programm sind weitere Notmaßnahmen hinzuzufügen, wie die Beseitigung der Steuerparadiese, die Beendigung der Versklavung von Kindern, die weltweite Emanzipation der Frau, Vorsichtsmaßnahmen gegenüber allen gentechnischen Manipulationen, die Ächtung der unter Billigflaggen auf den Weltmeeren fahrenden Tanker, so viele Utopien, die nun zu Beginn des neuen Jahrhunderts zu konkreten politischen Zielen geworden sind.

Wie heißt er doch wieder, jener Moment, in dem eine andere Welt als mögliche aufscheint? Er hat einen sehr schönen Namen, Freunde und Genossen: er heißt Aurora – Morgenröte.

## Manifest 2002

**Eine Bewegung, die das Kräfteverhältnis verändert** ...

Während seines fast vierjährigen Bestehens hat Attac Analysen über die verheerenden Folgen der neoliberalen Globalisierung gemacht, die sich leider täglich bestätigen. Aber Attac hat sich darauf nicht beschränkt. Die Organisation hat die Öffentlichkeit, die Abgeordneten, die Regierungen und die internationalen Organisationen mit Alternativen konfrontiert. Von Seattle im November 1999 bis Porto Alegre im Januar 2002 war Attac dabei und wird auch weiterhin an allen großen Aktionen der sozialen Bewegungen teilnehmen. Attac wird überall dort präsent sein, wo über Alternativen nachgedacht und Aktionen durchgeführt werden, die zeigen, dass »eine andere Welt möglich ist«. Auch in den Diskussionen im Wahljahr wird sich Attac zu Wort melden. Aber die Bewegung wird das auf ihre Weise tun.

Denn Attac ist keine Partei; keiner der Verantwortlichen bewirbt sich um ein Mandat, Attac wird auch keine Kandidaten aufstellen oder unterstützen. Als Bewegung, die Aufklärung und Aktion nicht voneinander trennt, wird Attac jedoch in der Auseinandersetzung der nächsten Monate die Rolle eines demokratischen Motors spielen. Wie wird dies geschehen? Nicht in Gesprächen mit Kandidaten und Parteien hinter verschlossenen Türen, sondern indem wir uns direkt an die Bürgerinnen und Bürger wenden. Sie sind es, die wir davon überzeugen wollen, dass die gegenwärtige Politik nicht die einzig mögliche ist und dass weltweit Hunderte von Millionen Menschen genauso denken. Dies ist nach den Ereignissen des 11. September um so dringlicher, da die militaristischen, unsozialen und demokratiefeindlichen Tendenzen – die Gunst der Stunde nutzend – die Probleme, die die Welt auch schon am 10. September kannte, nur noch verschlimmert haben.

Wir wollen daran arbeiten, dass politisches Denken nach fast einem Vierteljahrhundert neoliberaler Gehirnwäsche sich wieder frei entfalten kann. Denn es sind die Ideen, die die Welt verändern. Die zweihundert Jahre alte Ideologie des Liberalismus, dem man kurzerhand einen modernen Anstrich verpasste, hat jedoch intellektuellen Schiffbruch erlitten, auch wenn sie bei den Entscheidungsträgern noch immer hoch im Kurs steht. In Argentinien hat der Neoliberalismus gerade Bankrott gemacht, nachdem er den gesellschaftlichen Zusammenhalt zerstört und Millionen Menschen in Armut und Arbeitslosigkeit getrieben hat.

Nie wieder! Dieser Schwur der vom Terror der Militärdiktaturen befreiten Demokraten gilt auch für alle, die sich von der Diktatur der Märkte befreien wollen. Deshalb kämpft Attac für die Besteuerung der Finanzspekulation, insbesondere für die Tobinsteuer auf Devisenhandel, für die Auflösung der Steuerparadiese und Off-Shore-Bankzentren, diese zynischen und schändlichen Hinterhöfe der internationalen Finanzmärkte und Schlupfwinkel für Schwerverbrecher und Kriminelle in

Nadelstreifen. Deshalb kämpft Attac für die Streichung der Schulden der Entwicklungsländer – die ohnehin bereits mehrfach zurückgezahlt wurden – und für die Rückerstattung der gigantischen Summen, die den Völkern von korrupten Machthabern und Diktatoren jeglicher Couleur mit dem heimlichen Einverständnis der Banken, Finanzinstitutionen und Regierungen des Nordens entwendet und im Ausland deponiert wurden. Auch in Frankreich greift die Finanzmarktlogik immer mehr um sich. Attac setzt dem Widerstand und Alternativen entgegen. Jede und jeder kann sich mit ihnen vertraut machen, über sie diskutieren und gegebenenfalls auch Mitglied werden, um mitzuhelfen, dass aus Attac eine Bewegung wird, die – um den Dichter Baudelaire[1] zu zitieren – »die das Kräfteverhältnis verändert«.

## Sich die Zukunft wieder aneignen

Ebenso wie in anderen großen Ländern haben Wahlen in Frankreich eine Tragweite, die über die Landesgrenzen hinaus reicht. Frankreich ist ein wichtiges Mitglied der Europäischen Union (EU) und kann deren Politik beeinflussen oder sie in bestimmten Fällen sogar scheitern lassen. Dies gilt insbesondere für die Welthandelsorganisation (WTO); auch im Exekutivdirektorium des Internationalen Währungsfonds (IWF) und der Weltbank hat Frankreich einen Sitz; Frankreich ist Mitglied der Organisation für wirtschaftliche Zusammenarbeit und

**1** Charles Baudelaire (1821-1867), Je hais le mouvement qui déplace les lignes (»La Beauté«, in: *Les Fleurs du Mal*, Die Blumen des Bösen) (A.d.Ü.)

Entwicklung (OECD), in der Entscheidungen im Konsens getroffen werden und folglich der Zustimmung Frankreichs bedürfen; Frankreich ist Mitglied des Nordatlantikpaktes (NATO), der theoretisch ebenfalls nach dem Konsensprinzip arbeitet; Frankreich ist ständiges Mitglied des Sicherheitsrates der Vereinten Nationen (UNO). Und dies sind nur die wichtigsten multilateralen Organisationen, denen Frankreich angehört. Das Land verfügt also über ein breites Instrumentarium, von dem die wenigsten – nicht einmal die Parlamentarier – wirklich wissen, wie es genutzt wird.

Dennoch werden in diesen Gremien, die meistens nur das Ziel verfolgen, die neoliberale Globalisierung zu fördern und zu flankieren, strukturbildende Entscheidungen getroffen, die sich nicht nur auf Frankreich, sondern auch auf viele andere Länder, insbesondere die Entwicklungsländer, auswirken. Diese Beschlüsse werden anschließend der Öffentlichkeit als unvermeidliche Entscheidungen aus »Brüssel«, der WTO, des IWF, der Weltbank, der OECD etc. dargestellt, als ob es sich um Institutionen handelte, mit denen unsere Regierung nichts zu tun hätte und bei denen keine andere Wahl bestünde, als sich ihnen zu unterwerfen. Dabei haben die Vertreter der französischen Regierung diesen Beschlüssen ausdrücklich zugestimmt.

Es ist also höchste Zeit, diese Institutionen ins Licht der Öffentlichkeit zu rücken, und jenen, die dort in unserem Namen politisch mitentscheiden, Rechenschaft abzuverlangen. Denn dort fallen die wichtigen Entscheidungen! Und da die Wähler der eigentliche Souverän der Demokratie sind, ist es auch ihr gutes Recht zu erfahren, was in diesen dunklen Zonen der Demokratie vor sich geht. Bei welcher Wahl gab es je Kandidaten, die sich zu diesen Fragen geäußert hätten? An die Regierung übertragen die Wähler einen großen, ja sogar den substantiellen Teil ihrer Souveränität. Aber genau dadurch werden die Bürgerinnen und Bürger der Möglichkeit beraubt, ihre Kontrollfunktion auszuüben. Das ist das Gegenteil partizipatorischer Demokratie. Wenn es Attac 2002 gelingt, die französische Politik und insbesondere die des Wirtschafts- und Finanzministeriums in den oben genannten Organisationen zur Diskussion zu stellen und dazu beizutragen, dass sie unter die Kontrolle der Volksvertreter kommt, dann wird Attac seinen Auftrag zur Aufklärung der Öffentlichkeit – und des Parlaments! – nicht verfehlen.

In erster Linie muss bei den Entscheidungsmechanismen der Europäischen Union angesetzt werden. Die Angelegenheiten der Gemeinschaft sind in wachsendem Maße zugleich französische, belgische, spanische, deutsche usw. Belange. Es gibt nur noch wenige Bereiche, in denen die nationale Politik noch völlig autonom bleibt – das gilt selbst für Bereiche, wo es möglich wäre. Nationale Politik ist in immer stärkerem Maße lediglich die Umsetzung von Entscheidungen, die entweder durch die 15 Regierungen oder durch unabhängige Instanzen getroffen wurden, die jeglicher demokratischen Kontrolle entzogen sind: die Europäische Kommission oder die Europäische Zentralbank. Die Mühlen der Gemeinschaft funktionieren, von wenigen Ausnahmen abgesehen, reibungslos als Liberalisierungs-, Privatisierungs- und Flexibilisierungsmaschinerie, weitgehend losgelöst von den Interessen der Bevölkerung. Damit verkehrt sich die allgemeine Akzeptanz öffentlicher Verwaltung in eine Politik der Gemeinschaft, die öffentliche Einrichtungen diskreditiert.

Welche Institutionen sich jede/r Einzelne auch immer für die Zukunft Europas wünschen mag – und die Meinungen dazu gehen legitimerweise auseinander – es muss dringend eine starke parlamentarische Kontrolle über die EU-Politik hergestellt werden. In erster Linie durch die nationalen Abgeordneten, aber auch – wenn man einem föderalistischen Konzept anhängt – durch das Europaparlament. Lösungen gibt es, allerdings nur wenn der politische Wille vorhanden ist. Geben wir uns jedoch keinen Illusionen hin: Nahezu alle führenden Politiker – ob an der Regierung oder danach strebend – fühlen sich in diesen Zuständen sehr wohl. Real werden die europäischen Entscheidungen von den nationalen Exekutiven getroffen, da die Regierungen den Ministerrat bestimmen. Dieser wiederum bildet faktisch die Legislative, während das Europäische Parlament nur eine sehr begrenzte Rolle spielt.

Dieses System macht es übrigens auch möglich, den Bürgerinnen und Bürgern auf dem Umweg über die EU unpopuläre Maßnahmen »unterzujubeln«, die die Regierungen auf nationaler Ebene nur mit großen Schwierigkeiten durchsetzen könnten. Die zukünftigen Parlamentarier müssten als Erstes verlangen, dass sie – und mit ihnen die Wähler – in den wesentlichen europäischen Angelegenheiten nicht nur eine Statistenrolle spielen. In der öffentlichen Debatte wird sich zeigen, ob sie dazu bereit sind.

Während schon die Entscheidungsmechanismen der EU ein beträchtliches demokratisches Defizit erkennen lassen, unterliegen diejenigen in den internationalen Finanzinstitutionen praktisch der Geheimhaltung. Wenn man die katastrophale Rolle kennt, die Weltbank und IWF in den meisten Entwicklungsländern spielen, dann sollte man wissen, welche Maßnahmen der französische Vertreter in beiden Institutionen (in denen Frankreich einen Stimmenanteil von 5% hat) unterstützt oder ablehnt. Leider kennen wir die Antwort: ebenso wie bei den anderen europäischen Ländern ist es die systematische Anpassung an die Positionen Washingtons. In Asien, Afrika und Lateinamerika werden die Völker durch die Schuldenlast ausgeblutet und durch die Konditionen der Strukturanpassungsprogramme, die nichts anderes als die Umsetzung ultraliberaler Konzepte sind, geknebelt. Völlig zu Recht wird die Verantwortung dafür der Weltbank und dem IWF angelastet. Aber mit gleichem Recht können die Regierungen angeklagt werden, die in diesen Institutionen letztlich die Entscheidungen treffen – unter ihnen die französische – und folglich auch diejenigen, die zulassen, dass diese Regierungen so handeln: nämlich wir, die Bürgerinnen und Bürger der Industrieländer.

Diese Entscheidungen sind Geheimsache des Finanzministeriums. Die Parlamentarier bekommen erst seit kurzem jährlich einen äußerst dürftigen Bericht, der im Nachhinein vom Finanzministerium erstellt wird. Diese Situation ist nicht akzeptabel und bringt die sozialen Bewegungen sowie die Abgeordneten in eine heikle Lage gegenüber den Ländern, die sie unterstützen wollen. Bei einer konsequenten Linie besteht die wichtigste Aufgabe darin, eine öffentliche Kontrolle des Parlamentes und innerhalb eines akzeptablen Zeitraums Stellungnahmen der Regierungsvertreter einzufordern, die ihrerseits Möglichkeiten an die Hand bekommen sollten, die Bürgerbewegungen zu informieren. Die Schaffung dauerhafter Strukturen, ähnlich der bereits praktizierten Entsendung von Vertretern beider Parlamentskammern in die EU, könnte dies ermöglichen. Dies sollte sich nicht auf die Weltbank und den IWF beschränken, sondern sich natürlich auch auf die Vorhut der neoliberalen Globalisierung, nämlich die WTO und die OECD erstrecken, ebenso auf die Internationale Arbeitsorganisation (ILO), die Weltgesundheitsorganisation (WHO), die Ernährungs- und Landwirtschaftsorganisation (FAO), das Entwicklungsprogramm der Vereinten Nationen (UNDP), auf die Weltorganisation für geistiges Eigentum (WIPO) und auf zehn weitere multilaterale Institutionen, in denen uns direkt betreffende Entscheidungen getroffen werden, die aber niemand außer dem zuständigen Ministerium kontrolliert oder überhaupt kennt.

Es ist ein riesiges Feld, auf dem die repräsentative und partizipatorische Demokratie ausgeübt werden können, das jedoch von diesen Institutionen und ihren Praktiken kaum bearbeitet wird. Es ist ein international zu bestellendes Feld. Sich dieser Aufgabe zuzuwenden, bedeutet für Abgeordnete und Bürger gleichermaßen, Schluss zu machen mit Politik als Spektakel und in das Zentrum der Macht vorzudringen. Die Herausforderungen für die Demokratie auf nationaler Ebene sowie die Solidarität mit der übrigen Welt sind von planetarischen Dimensionen.

## Eine gerechte Welt

### *Die Arbeit im Zentrum der Reorganisation der Gesellschaft*

Frankreich und Europa haben wie alle OECD-Staaten das große Problem der Arbeitslosigkeit, das verschiedene Ausprägungen annimmt. Die Wurzel des Übels liegt in der zunehmenden Ausrichtung der Wirtschaft auf die Finanzmärkte. Das führt zu einem verhängnisvollen Teufelskreis: die spekulativen Blasen an den Finanzmärkten profitieren zwar von Produktivitätszuwächsen, die Gewinne daraus werden aber nicht an die Arbeitnehmer weitergegeben. Die Löhne werden bei gleichzeitiger Produktivitätssteigerung gedrückt, sodass eine extreme Umverteilung stattfindet. Diese restriktive Lohnpolitik führt wiederum zu einem mageren Wachstum. Gewinne werden nicht investiert, sondern in Finanzanlagen gesteckt. Das führt zur ständigen Forderung der Arbeitgeber, die Lohnkosten und Sozialausgaben zu verringern, ein Druck, der allgemein zu immer unsichereren Beschäftigungsverhältnissen führt: unsichere Verträge; Teilzeitarbeit vor allem für Frauen, Dequalifizierung usw. Die Kündigungen bei Michelin und Danone ausschließlich zur »Pflege« der Aktienkurse verdeutlichten den Zusammenhang zwischen Finanzspekulation und Abbau von Arbeitsplätzen.

Wagen wir es, dieser Abwärtsspirale eine Neubewertung der Bedeutung des Arbeitslohns entgegenzusetzen. Der Gedanke, dass Vollbeschäftigung eine rückwärtsgewandte oder gefährliche Utopie darstellt, weil sie die Inflation anheize, ist nichts anderes als das Feigenblatt eines konservativen Diskurses, der die wahren Interessen der Wirtschaft verdeckt, die jegliche Änderung der Einkommensverteilung verhindern will.

Sowohl eine reale Arbeitszeitverkürzung, die Arbeitsplätze schafft, als auch das reibungslose Funktionieren des solidarischen Rentensystems, setzen eine Senkung der Einkommen aus Finanzvermögen voraus. Eine Rückkehr zur Vollbeschäftigung bedeutet folglich auch Lohnausgleich.

Die Arbeitnehmer und diejenigen, denen gekündigt wurde, widersetzen sich den Gehaltsvorstellungen des Arbeitgeberverbandes Medef (Unternehmerverband in Frankreich) und fordern einen Arbeitnehmerstatus, der sie vor unsicheren Arbeitsverhältnissen und der Zersplitterung der Tarife schützt. Sie drängen auf eine gesellschaftliche Umgestaltung.

### *Öffentliche Dienstleistungen schützen und verbessern*

Auch wenn die öffentlichen Dienstleistungen nicht perfekt sind, so bilden sie doch die Struktur einer anderen als nur auf Marktprinzipien beruhenden sozialen Ordnung ab. Sie garantieren einen gleichberechtigten Zugang für alle, Gleichheit der Gebühren und gleiche Behandlung. Sie sind der Beweis dafür, dass sich manche Bereiche der Gesellschaft dem Zwang finanzieller Rentabilität entziehen können, aber trotzdem erfolgreich sind: In Frankreich sind das Verkehrsnetz, das Kommunikations- und Energienetz, das öffentliche Gesundheitssystem – das von der Weltgesundheitsorganisation als das beste der Welt angesehen wird – und das Bildungswesen ungeachtet einigen Reformbedarfs äußerst leistungsfähig.

Dabei geht es um viel Geld. Diese öffentlichen Einrichtungen entziehen privaten Finanzspekulationen sagenhafte Summen und spielen eine entscheidende Rolle dabei, dass die Logik des Profits in den elementaren Bereichen des gesellschaftlichen Zusammenlebens nicht die Oberhand über das Gemeinwohl gewinnt. Aus diesem Grund werden sie unablässig von Unternehmerseite angegriffen. Auf europäischer Ebene beschleunigen die Deregulierungen, die von der Kommission vorangetrieben und von den Regierungen beschlossen werden, den Verfallsprozess der öffentlichen Einrichtungen, wie beispielsweise in Großbritannien. Öffentliche Unternehmen werden schrittweise zu multinationalen Unternehmen umstrukturiert, mit dem letztendlichen Ziel der Privatisierung (EDF, GDF, SNCF).[2]

Die Welthandelsorganisation kämpft mit ihrem Abkommen über den Handel mit Dienstleistungen (GATS) an vorderster Front für die Privatisierung aller Dienstleistungsbereiche. Für die WTO stellen diese Bereiche nichts anderes als Waren dar, darunter die elementaren Dienstleistungen der Daseinsfürsorge wie Gesundheit oder Bildung. Will man dieser Raffgier einen Strich durch die Rechnung machen, muss der Begriff des öffentlichen Interesses wieder ernst genommen und öffentlich, demokratisch, effizient und solidarisch gestärkt werden.

**2** Die französischen öffentlichen Energieversorgungsbetriebe und Eisenbahnen. (A.d.Ü.)

Die generelle Privatisierung der Bildung ist ein Ziel, das Artikel 1 des Allgemeinen Abkommens über den Handel mit Dienstleistungen (GATS) festschreibt. Der Wettlauf in Richtung Vermarktung nimmt je nach Land und Kontinent sehr unterschiedliche Züge an, ist jedoch immer mit einem ökonomischen und einem ideologischen Ziel verbunden. Wie die Charta von Porto Alegre in ihrem Abschnitt über öffentliche Bildung aufzeigt, führt diese Logik der Dominanz des Privatwirtschaftlichen zu bodenlosen Ungleichheiten: ideologische Gleichschaltung durch die multinationalen Konzerne dieses Sektors, Privilegien der Reichen gegenüber den Armen und des Nordens gegenüber dem Süden, Vorrang des Schulbesuchs der Jungen auf Kosten der Mädchen usw.

In Frankreich kommt die neoliberale Offensive aus dem Bildungswesen selbst. Das liegt an der Besonderheit des französischen Bildungssystems, das auf der Grundlage der öffentlichen und laizistischen Schulen beruht. Dabei wird stets auf die »Werte des Unternehmertums« hingewiesen, die letzten Endes jedoch nur die Werte der Arbeitgeber widerspiegeln. Auf diese Weise werden alle möglichen Maßnahmen gerechtfertigt: Reklame für multinationale Marken in den Schulen, Gebrauch pädagogischer Arbeitsmittel mit Schleichwerbung für Banken oder Unternehmen, sowie die Einführung des Wettbewerbs zwischen den Schulen. Die Umsetzung der liberalen Dogmen auf das Schulsystem führten vor dem Hintergrund der Arbeitslosigkeit zu massiven Ungleichheiten zwischen den Schulen, zu Schulversagen und zum Verlust kultureller Orientierung. Das Misstrauen gegenüber den Schulen sowie die Gewalt, in der sich dieses Misstrauen nur allzu oft ausdrückt, sind einige der beunruhigendsten Anzeichen dafür. Nur wenn man mit diesen Dogmen bricht, wird es möglich sein, wieder Bildung für alle und pädagogischen und sozialen Erfolg zu haben.

### *Steuern – Teufelszeug oder Instrument für Gerechtigkeit und Solidarität?*

Wer von Gemeinwohl und öffentlichen Dienstleistungen spricht, meint damit auch Finanzierung durch den Staat. Die Liberalen prangern Steuern als Ursache für sozialen Stillstand an, der angeblich die Eigeninitiative erstickt. Prompt versprechen unsere Regierungen »weniger Steuern«! Das ist die reinste Demagogie. Steuern sind für die Finanzierung gesellschaftlicher Ausgaben da und befriedigen somit kollektive Bedürfnisse. Nur über den Grad der Erfüllung dieser sozialen Bedürfnisse kann man feststellen, ob es »zu viele Steuern« gibt oder nicht. Steuern müssen außerdem auf eine gerechte Art und Weise erhoben werden. Im Gegensatz zum heute üblichen wäre Steuergerechtigkeit, wenn die Bürger gemäß ihrem Einkommen oder Vermögen zur Finanzierung der öffentlichen Ausgaben beitragen. Unser System der schwachen Steuerprogression ist weit davon entfernt! Es zeichnet sich durch geringes Aufkommen bei Einkommenssteuern aus, die zusammen mit der Vermögenssteuer die einzige Art progressiver steuerlicher Veranlagung darstellt. Diese Steuern betragen in Europa durchschnittlich 13% des Bruttoinlandsprodukts, in Dänemark 32%, in Frankreich aber lediglich 9,5%!

Besonders ungerecht ist die Mehrwertsteuer als wichtigste Steuerquelle (in Frankreich 45%, während die Einkommenssteuer bei 20% liegt), da der Sozialhilfeempfänger den gleichen Steuerbetrag entrichten muss wie der Vermögende, wenn er eine mehrwertsteuerpflichtige Ware oder Dienstleistung kauft. Stattdessen sollten die Einkommenssteuer und die Vermögenssteuer erhöht und auf der Grundlage der wirtschaftlichen Leistungsfähigkeit erhoben werden, um so die ungleiche Besteuerung von Arbeit und Kapital zu verringern.

Denn die Unternehmenssteuer (etwa 250 Milliarden Francs) bringt weniger ein als die Einkommenssteuer (etwa 300 Milliarden Francs). In Anbetracht der Gewinnsteigerung der Unternehmen wäre es gerecht, den Steuersatz zu erhöhen und auf die unterschiedlichen Gewinne zu verteilen. Eine höhere Besteuerung würde demnach Gewinne belasten, die ohne Wertschöpfung erzielt wurden (Einkünfte aus Finanzgeschäften, Spekulation, usw.).

Unternehmen, die durch eine hohe Quote an unsicheren Arbeitsplätzen oder durch Verzicht auf den Faktor Arbeit überhaupt einen großen Mehrwert produzieren, sollten ebenfalls stärker besteuert werden.

## Eine solidarische Welt

### *Das Gesundheitswesen im Norden wie im Süden wiederherstellen*

Es ist kaum bekannt, dass heutzutage Krankenhäuser an der Börse notiert werden. Diese Unternehmen haben eine besondere Struktur, bei der die Patienten den Rohstoff bilden. Sie sind natürlich teurer als Krankenhäuser in öffentlicher Trägerschaft, aber sie verlangen ständig beträchtliche öffentliche Mittel für ihre Betriebsausgaben. Diese Situation gibt uns einen Vorgeschmack auf ein Gesundheitssystem, das nur noch der Logik des Marktes unterliegt.

Tatsächlich führen die Interessen der multinationalen Pharmakonzerne sowie die Orientierung an betriebswirtschaftlichem Rentabilitätsdenken unter dem Deckmäntelchen von »Kostenkontrolle« und »Sparmaßnahmen« zu einem immer teureren und anfälligeren Gesundheitssystem mit zunehmend ausschließendem Charakter gegenüber weniger zahlungskräftigen Patienten. Diese Art der Medizin und ihre Institutionen, die nur oberflächlich die Symptome behandeln, berücksichtigen häufig nicht die Lebens- und Arbeitsbedingungen und reduzieren das Gesundheitswesen oft auf die Verordnung von quantifizierbaren und »rentablen« Behandlungen.

Durch diese von der WTO bis zum äußersten getriebene Logik werden die Vermarktung des Gesundheitswesens, der vermehrte Einsatz von Einwanderern, also »billigerem« Pflegepersonal, die kontinuierliche Senkung der »Gesundheitskosten« (Schließung kleiner Einrichtungen, wie z.B. Geburtshilfestationen, Abbau der Bettenzahl, Wettbewerb zwischen den Einrichtungen usw.) vorangetrieben. Diese Marktlogik erschwert die Mobilisierung finanzieller Mittel für die Bekämpfung von AIDS und anderen Seuchen. Zum Schutz ihrer finanziellen Interessen ging die Pharmaindustrie beispielsweise so weit, Brasilien und Südafrika die Herstellung von Generika zu niedrigeren Kosten verbieten zu wollen. Nur die Mobilisierung der internationalen öffentlichen Meinung hat zaghafte Fortschritte auf der WTO-Konferenz von Doha ermöglicht. Aber die Bedürfnisse der Länder des Südens werden weiterhin kaum berücksichtigt. Auf ihre Art leiden die »reichen« Länder unter derselben Politik: Da das Solidaritätsprinzip im Krankheitsfall durch das Prinzip der Zahlungsfähigkeit ersetzt wurde, erhält derjenige, der zahlen kann, eine Behandlung, die sich nach der Höhe seiner finanziellen Mittel richtet. Die anderen werden einer zufallsbedingten Minimalmedizin anvertraut. Daher die Angriffe vor allem aus den höheren Etagen der Versicherungsunternehmen gegen unser System der sozialen Sicherung, das auf der Solidarität durch Sozialversicherungsbeiträge und auf Gegenseitigkeit beruht.

### *Von einer Generation zur nächsten – Renten aus massivem Gold*

In Frankreich entgeht der überwiegende Teil der Rentengelder noch den Finanzmärkten. Es versteht sich, dass die 1100 Milliarden Francs, die jedes Jahr an die Rentner gezahlt werden, den Bankiers und Versicherungsträgern das Wasser im Mund zusammenlaufen lassen. Daher ihr massives Lobbying für die Einrichtung von privaten Rentenfonds, deren gegenwärtige Pleiten jedoch auch deren Unzuverlässigkeit zeigen. Aber sie geben sich nicht damit zufrieden, die Rentengelder in die Hand zu bekommen. Die Arbeitgeber kämpfen auch darum, das Rentensystem für die Allgemeinheit zu verschlechtern, zunächst durch die Forderung nach einer Verlängerung der Beitragszahlungen. Erst dann soll die Rente in voller Höhe ausgezahlt werden. Die demographische Entwicklung wird als Argument angeführt: durch die steigende Rentnerzahl könne das derzeitige System nicht dem neuen Finanzierungsbedarf gerecht werden. Alle Studien ergeben jedoch, dass durch eine geringfügige Erhöhung der Beitragszahlungen der Arbeitgeber (laut französischem Rentenrat maximal 0,37 Punkte pro Jahr) das gegenwärtige Rentenniveau im Vergleich zur Lohnentwicklung gehalten werden könnte. Denn wenn nichts unternommen wird, führt die derzeitige Entwicklung zu einer relativ starken Senkung der Renten bis zum Jahr 2040 (etwa um 20% des Rentenniveaus). Eine Beitragserhöhung muss insofern stark relativiert werden, als der Anteil der Löhne am Mehrwert (das durch Unternehmen geschaffene Vermögen) in den letzten 20 Jahren um 10 Prozent gefallen ist. Es gibt also einen großen Handlungsspielraum. Eine Angleichung des Lohnanteils hätte übrigens neutrale Auswirkungen auf die Wettbewerbsfähigkeit der Unternehmen, vorausgesetzt, dass sie durch eine Senkung der Dividenden der Aktionäre kompensiert würde. Diese sind allerdings jedes Jahr gestiegen. Katastrophenstimmung ist also nicht angebracht. Das solidarische Rentensystem hat Zukunft – man muss sich jedoch dafür einsetzen. Außerdem ist dieses System ein tragendes Element unserer demokratischen und solidarischen Gesellschaft. In diesem Umverteilungssystem bestimmt nicht die Situation an den Finanzmärkten die Höhe der Renten, sondern die Gesellschaft, die politisch entscheidet, wie groß der Anteil des erwirtschafteten Reichtums sein soll, der an die ältere Generation geht.

### *Wirtschaftliche Alternativen entwickeln und umsetzen*

Für die rein liberale Denkweise ist die Ökonomie eine Wissenschaft, die weder Diskussionen, Alternativen noch Versuche duldet: Der Markt ist der alleinige Heilsbringer. Deshalb verdammt sie mal stärker, mal schwächer, je nach Zeitpunkt und Situation alles, was nicht in ihr Weltbild passt: öffentliche Einrichtungen, Genossenschaften, kooperative Bewegungen. Das sind Konzepte und Erfahrungen, die Wirtschaftliches und Soziales verbinden und Faktoren wie gegenseitigen Respekt, die Erhaltung der Umwelt und der natürlichen Ressourcen sowie die gerechte Verteilung der Reichtümer berücksichtigen.

Dieser vielfältige Sektor, der oft als soziale und solidarische Wirtschaft bezeichnet wird, weil er demokratische und partizipatorische Prinzipien verteidigt, kann den Bürgerinnen und Bürgern dazu verhelfen, sich die Wirtschaft von der lokalen bis zur globalen Ebene wieder zu Eigen zu machen. Diese Organisationsformen der Güter- und Dienstleistungsproduktion (Vereine, Verbände, Genossenschaften), die sowohl in den Ländern des Südens als auch des Nordens existieren, zeigen, dass Wirtschaft nicht unbedingt mit Ausbeutung, Spekulation, Verlagerung ins Ausland und Entlassungen einhergehen muss. Sie agieren zu Gunsten lokaler Zusammenhänge und der Bevölkerung und stellen nicht die betriebswirtschaftliche Logik in den Vordergrund.

Diese Unternehmen mit ihrer besonderen Rechtsform regen ein auf die Praxis ausgerichtetes Nachdenken über die Bedeutung gesellschaftlichen Eigentums an und zeigen, dass Alternativen möglich sind: solidarische, gerechte Alternativen, die die sozialen und ökologischen Gesetze und das Prinzip der Geschlechtergerechtigkeit weltweit einhalten.

Diese Vielfalt wirtschaftlicher Ansätze, die Schaffung spezifischer gesetzlicher und steuerlicher Rahmenbedingungen und Regelungen zur Vergabe öffentlicher

Aufträge bieten also ausreichende Grundlagen für den Aufbau einer solidarischen Wirtschaft, und zwar hier und jetzt.

## Eine nachhaltige Welt

*Die Bedrohung der Erde durch die Vermarktung*

Die reichen Länder werden für Katastrophen wie Tankerunglücke, Chemieunfälle und BSE immer anfälliger. Industrielle und gesundheitliche Risiken nehmen aufgrund fehlender Vorsorge und Schutzmaßnahmen sowie der Abschaffung staatlicher Regulierung ständig zu. In den Ländern des Südens haben die ärmsten Bevölkerungsgruppen als erste unter der Umweltzerstörung zu leiden. Dennoch zwingen die Strukturanpassungsprogramme des IWF und der Weltbank sie, ihre Ackerböden und Wälder für die Herstellung von Exportgütern zu opfern, um damit die Auslandsschulden begleichen zu können.

In diesem Zusammenhang folgt eine internationale Konferenz der anderen, aber sie enden stets mit einem faulen Kompromiss. Beispielsweise sieht das im Jahr 2001 gebilligte Kyoto-Protokoll vor, der Börse das Recht auf den Handel mit Emissionsrechten einzuräumen, ein Umweltschutz, der eben gerade durch das Gesetz des Marktes gefährdet wird. Es sind keinerlei Sanktionen vorgesehen, und unter dem Deckmäntelchen der »Hilfe zur Selbsthilfe« für die armen Länder sehen sich die reichen Länder von zwei Dritteln ihrer Verpflichtungen befreit, die sie in diesem Bereich zu leisten hätten.

Man muss diesen Teufelskreis durchbrechen. Das allgemeine, kollektive Eigentumsrecht auf öffentliche Güter und nicht erneuerbare Ressourcen ist unveräußerlich. Internationale demokratische Einrichtungen müssen sicherstellen, dass das eingehalten wird. Dazu müssen für jeden Bereich Standards eingeführt werden, die dem aktuellen Wissensstand entsprechen. Diese gehen einher mit spezifischen Verpflichtungen für jeden Staat, die vom jeweiligen Entwicklungsstand abhängen und gegebenenfalls von Sanktionen begleitet werden.

Der Einsatz ökonomischer Instrumente wie Ökosteuern, die das Verursacherprinzip stärken und das Konsumverhalten ändern, muss auf jeden Fall mit einer Strukturpolitik zur Veränderung von Produktionsprozessen verbunden werden. Zum Beispiel wäre eine Besteuerung von Warentransporten auf der Straße wenig wirksam, solange nicht gleichzeitig das Schienennetz ausgebaut wird.

Das Streben nach Wirtschaftswachstum ergibt nur dann einen Sinn, wenn es dem Wohle aller Menschen dient und die Lebenschancen zukünftiger Generationen erhält. Nicht jede Art von Wachstum ist wünschenswert. Notwendig ist ein Wachstum, das qualifizierte Arbeitsplätze garantiert und den Erhalt von Ökosystemen gewährleistet. Auf ein Wachstum, das zu unsicheren Arbeitsplätzen führt und die Umwelt zerstört, muss hingegen verzichtet werden.

### *Wasser – ein schützenswertes Allgemeingut*

Ohne Wasser gibt es kein Leben. Das ist eine hinreichende Unterscheidung zu einer Ware. Jeder Mensch müsste also Zugang zu sauberem Trinkwasser haben, in einer für das Leben und für diverse Tätigkeiten ausreichenden Menge. Davon sind wir weit entfernt: Jeder dritte Erdbewohner hat keinen Zugang zu Trinkwasser, während innerhalb von weniger als einem halben Jahrhundert die Kontrolle über dieses wertvolle Nass und dessen Verkauf einem kleinen Kreis von finanzstarken Unternehmen zu Macht und Bereicherung verholfen haben.

In dieser Hinsicht spielt Frankreich eine besondere Rolle. Drei multinationale Konzerne (Vivendi, Suez, Saur-Bouygues) teilen sich durch gepachtete Konzessionen 77% der Trinkwasserversorgung und einen wachsenden Anteil an anderen Dienstleistungsbereichen (Stadtsanierung und Müllabfuhr).

In Frankreich verkaufen diese Unternehmen Wasser für durchschnittlich 20% mehr als die Gemeinden und die gemischten Konsortien, die die Trinkwasserversorgung in Eigenregie sicherstellen. Durch die damit erzielten Gewinne können sie ganz verschiedene Unternehmungen, vor allem im Bereich der Kommunikation, aufbauen. In zig Ländern weltweit besitzen sie das Wassermonopol. Vivendi und Suez stehen in diesem Bereich weltweit auf den ersten Plätzen.

In den »reichen« Ländern erweisen sich die industrielle Landwirtschaft und Viehzucht nicht nur als die größten Wasserverbraucher, sondern auch als ökologisch besonders unverträglich. In den Ländern des Südens wird Wasser sowohl für die Aufrechterhaltung eines umweltschädlichen Wachstums, vor allem durch Staudämme, als auch als Mittel militärischer Überlegenheit benutzt.

Es ist also wichtig, Initiativen zu unterstützen, die sich für die Eindämmung des enormen Wasserverbrauches durch die landwirtschaftlichen Großbetriebe und die Eigenkontrolle über die Ressource Wasser einsetzen. International sollte sich die Öffentlichkeit die Kontrolle über das Wasser durch einen globalen Wasservertrag wieder zurückholen. Dementsprechend muss Frankreich fordern, Wasser als Gemeinschaftsgut der Menschheit aus den Verhandlungen über GATS auszuschließen.

### *Demokratie geht auch durch den Magen*

Die ständige Verringerung der Landbevölkerung, ständig wiederkehrende Probleme mit Seuchen, Landverödung und die Zerstörung ökologisch wertvoller Agrarflächen: Alles weist darauf hin, dass es an der Zeit ist, ein anderes Landwirtschaftsmodell zu entwickeln, das sich nicht am Gewinn orientiert, wie heute in Frankreich und Europa üblich.

Rein gewinnorientierte Entscheidungen zwingen zu einer Niedrigpreis-Landwirtschaft, vernichten Einkommen aus landwirtschaftlicher Arbeit und folgen allein der kommerziellen Wettbewerbslogik. Diese Perspektive ist in jeder Hinsicht zerstörerisch.

Der Beruf des Bauern erfüllt nämlich drei Funktionen: Herstellung von Nahrungsmitteln in ausreichender Menge und Qualität, Sicherstellung einer sozialen Dimension durch die Schaffung von Arbeitsplätzen und schließlich Erhaltung der natürlichen Ressourcen und der biologischen Vielfalt, um die Weitergabe des Gemeingutes an nachfolgende Generationen sicherzustellen. Im Süden destabilisiert die industrielle Landwirtschaft die lokalen Märkte, ruiniert die Subsistenzwirtschaft und reduziert die Ernährungssicherheit. Im Norden institutionalisiert sie eine problematische Dualität von Nahrungsmitteltypen, einerseits die Produkte der Nahrungsmittelindustrie, die in vielerlei Hinsicht gefährlich sind, andererseits einige Nischen mit Qualitätsprodukten, die den besser gestellten Konsumenten vorbehalten sind.

Der Aufbau einer demokratischen Gesellschaft erfolgt auch im Bereich Ernährung. Deshalb sind Genmanipulation, genmanipulierte Organismen und Patente auf Leben in der Landwirtschaft – die einzig darauf abzielen, Landwirte und Konsumenten den Gesetzen des Marktes und einigen weltweit tätigen Agrokonzernen auszuliefern – nicht akzeptabel. Das Verbot der Patentierung von Lebewesen, die ein unveräußerliches Gemeingut der Menschheit sind, kann nur über die Aufhebung der entsprechenden europäischen Richtlinie erfolgen. Frankreich und Europa müssen den Bauern das Recht zuerkennen, wieder ihr eigenes Saatgut auszubringen und müssen deren Leistung und die der ländlichen Gemeinschaften für die Bewahrung der Artenvielfalt anerkennen.

### *Die kulturelle Vielfalt verteidigen*

Jean-Marie Messier, Chef des multinationalen Konzerns Vivendi, hat durch seine Forderung nach einem Ende der »französischen kulturellen Ausnahme« die Diskussion um die Vermarktung der Kultur wieder entfacht.

Frankreich ergriff staatliche Maßnahmen, um künstlerisches Schaffen und dessen Verbreitung, vor allem das Netz der Buchhandlungen, zu schützen. In einigen europäischen Ländern wurden ähnliche Gesetze verabschiedet.

Dabei geht es vor allem um die Preisbindung für Bücher, die Einführung von europäischen und nationalen Quoten für Radio- und Fernsehproduktionen (Musik und Spielfilme), die Verpflichtung der Fernsehkanäle (vor allem Canal+, der einzige gebührenpflichtige Kanal im Richtfunknetz), sich an der Filmproduktion zu beteiligen, sowie die Abgabe eines Teils der Kinoeintrittsgelder an europäische Filmschaffende.

Diese Maßnahmen zeigten einige positive Auswirkungen. Das Wiederaufleben des französischen Kinos wäre zum Beispiel ohne die Zuschüsse aus den erzielten Einnahmen nicht möglich gewesen.

Sicherlich sind durch den Tausch von Musik im Internet einige neue Fragen aufgeworfen worden. Aber auf europäischer Ebene müsste jede Reform das Ziel verfolgen, die Verbreitung von Kunst und Kultur zu erschwinglichen Preisen zu fördern und gleichzeitig zu gewährleisten, dass die Künstler ein ausreichendes Auskommen haben, um ihren Beruf ausüben zu können.

Die Haltung der multinationalen Unternehmen und Großkonzerne wird durch die Offensive von Jean-Marie Messier deutlich. Er möchte die Verpflichtungen für Canal+ und allgemein das System der Unterstützung des französischen Films abschaffen, um die Ausstrahlung amerikanischer Produktionen, die ohnehin bereits allgegenwärtig sind und an denen er ebenfalls beteiligt ist, zu erleichtern. Die französischen Produzenten haben sich dieser Herausforderung gestellt und den Kampf eröffnet. Wir unterstützen sie dabei.

## Über die Grenzen hinaus agieren

Wir wollen uns eine gegebene Tatsache in Erinnerung rufen: Die neoliberale Globalisierung erfolgt weltweit. Die Widerstände, die ihr entgegenzusetzen sind, und die zu erarbeitenden Alternativen müssen also auf der gleichen Ebene ansetzen, um Wirkung zu zeigen. Das bedeutet allerdings nicht, dass die Zwischenebenen – also in unserem Fall die französische und die europäische Ebene – an Bedeutung verlieren würden: Auch wenn die Definition der Ziele grenzüberschreitend ist, so findet deren Umsetzung doch im spezifischen nationalen Umfeld statt, ohne dass es dafür überall eine einheitliche Vorgehensweise gäbe.

Daher richtet Attac seine Strategie und Aktionen von Anfang an auf die internationale Ebene aus. Angesichts einer globalisierten Finanzwelt erfordern die Regulierung und die Umverteilung tatsächlich einen weiträumigen Ansatz und eine kritische Masse. Deshalb haben wir in einem ersten Schritt, vor der Ausweitung auf die übrige Welt, nicht nur für eine französische, sondern stets für eine europäische Tobin-Zone plädiert.

Allerdings darf das von der Nationalversammlung verabschiedete Gesetz zur Umsetzung dieser Maßnahme (jedoch nur, falls die anderen betroffenen Parlamente zustimmen) nicht als eine Art »Schwarzer Peter« verstanden werden, der an andere weitergegeben wird. Es handelt sich um einen echten politischen Erfolg und eine wichtige Unterstützung für unsere europäischen Partner, die in ihren jeweiligen Ländern dafür kämpfen, dass dort eine solche Entscheidung getroffen wird. Diese Methode gilt für alle unsere wichtigen Kampagnen.

Der Schuldenerlass für die Länder der Dritten Welt war im Jahr 2000 Gegenstand der weltweiten Kampagne »Erlassjahr 2000«, der wir uns angeschlossen haben. Wir haben versucht, in Frankreich aktiv zu werden, da wir dort über Hebel und Druckmittel auf unsere eigene Regierung verfügen. Gleichzeitig haben wir im Rahmen unserer Möglichkeiten eine Informations- und Aufklärungskampagne durchgeführt. Im Hinblick auf die Krise in Argentinien, die morgen vielleicht schon die Türkei oder ein anderes Land ereilen könnte, wurde die Schuldenfrage noch brisanter. Sie verdeutlicht die Notwendigkeit einer demokratischen Kontrolle der von der französischen Regierung im IWF und in anderen Gremien eingenommenen Position. Außerdem verschlimmert sie die Lage der Frauen, die in ganz besonderem Maße Opfer der neoliberalen Politik, aber auch die aktivsten Kämpferinnen für deren Verhinderung sind. Deshalb unterstützt Attac die weltweit vernetzten Fraueninitiativen.

Die gleiche Logik gilt für die Forderung nach Abschaffung der Steuerparadiese und Offshore-Zentren. Die europäische Ebene scheint dafür der passende Rahmen zu sein, denn in Europa breiten sich diese rechtsfreien Zonen schnell aus. Unsere Aufklärungsarbeit (durch die Studien und Veröffentlichungen des wissenschaftlichen Beirates von Attac) sowie unsere Aktionen in Andorra, Jersey, Luxemburg und Monaco belegen das.

Die Vorhaben der Welthandelsorganisation (WTO) verknüpfen die lokale, nationale, gemeinschaftliche und internationale Ebene sehr eng miteinander. Es gibt zwar eine einheitliche Wirtschaftspolitik innerhalb der Europäischen Union, diese wird aber durch die Mitgliedsstaaten festgelegt. Daher können wir nur in unseren jeweils eigenen Ländern eingreifen.

Deshalb haben wir anlässlich der Verhandlung des Vertrages von Nizza im Jahre 2000 dafür gekämpft, dass die Einstimmigkeitsregel bei der Entscheidung über das Mandat der Kommission im Bereich des Handels mit Dienstleistungen erhalten bleibt. Ihr Mandat umfasst vor allem die Bereiche Bildung, Gesundheit und Kultur, die alle auch Gegenstand des Allgemeinen Abkommens über den Handel mit Dienstleistungen (GATS) sind. Andernfalls hätten wir einen wertvollen Hebel verloren, um dem Drang der Mehrheit der restlichen Mitgliedsstaaten nach freiem Warenaustausch entgegenzuwirken.

Unser nächster Kampf gegen die von der WTO ausgehenden Bedrohungen wird sich mit großer Sicherheit gegen die Genmanipulation richten. Die Regierung Bush will, nachdem sie den Erfolg von Doha erzielt hat, nun sehr schnell noch weiter gehen: Sie hat ihren Willen betont, die EU zur Erlaubnis von Importen neuer genmanipulierter Produkte zu zwingen, damit die Gewinnsucht amerikanischer multinationaler Agro- und Chemiekonzerne befriedigt werden kann. Gelinde gesagt kann man nicht auf die Entschiedenheit der Europäischen Kommission zählen. Aber da die Entscheidung letzten Endes von den 15 Mitgliedsstaaten getroffen wird, müssen uns die Kandidaten der nächsten Wahlen unverzüglich Rede und Antwort stehen: Importgenehmigung – ja oder nein?

Es wird deutlich, dass wir innerhalb eines meist europäischen oder internationalen Rahmens handeln, da auf diesen Ebenen die relevanten Entscheidungen getroffen werden. Dennoch bedeutet das in jedem Fall, dass wir uns zunächst vorrangig in Frankreich mobilisieren, und zwar gemeinsam. Attac bleibt stets offen für Kooperation und sucht die Übereinstimmung mit anderen Bewegungen, die dieselben Ziele verfolgen. Die Tatsache, dass unterschiedliche Vereinigungen und Gewerkschaften zu unseren Gründungsmitgliedern zählen, ist ein besonders wertvoller Pluspunkt. Das erlaubt uns, von deren eigenem Engagement, von ihrem Wissen und ihren Erfahrungen, die sie im Laufe der Jahre erworben haben, zu profitieren.

Auf internationaler Ebene gilt die gleiche Logik. Wir nehmen unsere Partnerbewegungen so wie sie sind. Ihr Charakter und ihre sonstigen Ziele weisen von Fall zu Fall beträchtliche Unterschiede auf. Die Einrichtung eines Netzes von Attac-Verbänden, die bereits in 40 Ländern präsent sind, stellt natürlich einen beachtenswerten Aspekt dieser Strategie dar. Viele dieser Verbände spielen die gleiche Rolle wie Attac-Frankreich: Sie sind Knotenpunkte für kämpferische, pluralistische Kräfte und sie lassen sich nicht vor fremde Karren spannen. Es fällt übrigens auf, dass man überall die beiden gleichen Merkmale wie bei uns finden kann: Ein spontan angenommenes Profil einer handlungsorientierten Aufklärungsbewegung und die Fähigkeit, Männer und Frauen einzubeziehen, die sich nicht unbedingt damit anfreunden können, in eine Partei einzutreten, nicht einmal in eine Gewerkschaft. Attac nimmt auf diese Weise Kräfte im Kampf gegen die neoliberale Mobilisierung und für die Erarbeitung von Alternativen auf, die bisher noch keinen organisierten Rahmen gefunden haben, um ihren Wunsch nach gemeinsamem Denken und Handeln zu realisieren.

Das Weltsozialforum (WSF) in Porto Alegre, zu dessen Entwicklung Attac einen großen Teil beigetragen hat, ist dieses Mal auf weltweiter Ebene Ausdruck für den überall vorhandenen Willen, Kämpfe, Hoffnungen und Vorschläge zu globalisieren. Dort finden sich Gewerkschaften, Vereine, NGOs sowie Abgeordnete aus aller Welt gleichermaßen ein.

Wir fürchten diesen engen Dialog mit den politischen Verantwortlichen absolut nicht. Er wird im gegenseitigen Respekt vor der Identität und Verantwortung des jeweiligen Gegenübers geführt. Er mindert damit keineswegs unsere Unabhängigkeit von ihnen und er kann sie ermuntern, die Anliegen der sozialen Bewegungen besser zu verstehen, die meistens entschärft und verwässert in den nationalen Parlamentsstuben und Regierungspalästen ankommen.

Hier ist das WSF ein Mittel, die repräsentative Demokratie mit mehr Leben zu erfüllen, nach dem weltweit bekannten Beispiel der Gastgeber-Stadt des WSF Porto Alegre, und das mit der Forderung nach partizipativer Demokratie zum Ausdruck zu bringen.

### Attac in Frankreich und in 40 weiteren Ländern

Laut seiner Satzung wurde Attac am 3. Juni 1998 in Frankreich mit folgenden Zielen gegründet: »Erstellung und Verbreitung von Informationsmaterial sowie Förderung und Durchführung von Aktionen jeder Art, damit die Bürger die Macht zurückgewinnen, die die Finanzwelt auf alle Aspekte des öffentlichen, wirtschaftlichen, sozialen und kulturellen Lebens in der ganzen Welt ausübt. Zu diesen Mitteln gehört die Besteuerung der Transaktionen auf dem Devisenmarkt (Tobinsteuer).« Das heißt, dass Attac zum einen seine Aufgabe in der öffentlichen Aufklärung und in Aktionen gegen die Diktatur der Märkte sieht, sich diese Aufgabe zum anderen aber nicht nur in einem internationalen Rahmen setzt, sondern auch in einem internationalistischen. Die Solidarität mit den Gesellschaften der anderen Länder der Welt steht dabei im Mittelpunkt seiner Vorgehensweise.

In Frankreich ist Attac sehr schnell gewachsen: Ende

November 2001 zählte die Organisation bereits 28.000 Mitglieder (das sind 17% Steigerung im Vergleich zum Vorjahr) sowie 230 Lokalkomitees, die die Aktivitäten in allen Regionen einschließlich der französischen Übersee-Gebiete betreuen.

In zahlreichen Ländern haben sich spontan Attac-Gruppen gebildet. Das beweist, dass dieses Konzept, das den liberalen Dogmen Reflexion und Aktion entgegensetzt, weit über die Grenzen Frankreichs hinaus Anklang findet. Im Moment gibt es mehr als 40 Gruppen, die bereits gegründet sind oder kurz vor der Gründung stehen. Diese befinden sich in folgenden Kontinenten und Ländern:

Afrika: Burkina Faso, Kamerun, Marokko, Mali, Senegal, Tunesien

Lateinamerika: Argentinien, Bolivien, Brasilien, Chile, Costa Rica, Dominikanische Republik, Ecuador, Kolumbien, Paraguay, Peru, Uruguay, Venezuela

Nordamerika: Quebec

Asien: Japan

Europa: Andorra, Belgien, Dänemark, Deutschland, Finnland, Griechenland, Großbritannien, Italien, Jersey, Luxemburg, Niederlande, Norwegen, Österreich, Polen, Portugal, Republik Irland, Schweden, Schweiz, Serbien, Spanien, Ungarn.

Auch wenn sich diese Organisationen alle mit dem Programm der internationalen Bewegung Attac identifizieren, das im Dezember 1998 verabschiedet wurde, so hat doch jede ihre eigene Geschichte und ihre eigenen Funktionsweisen. Es handelt sich um ein Netz ohne Zentrale, innerhalb dessen die Information ständig zirkuliert, dank gemeinsamer Instrumente wie Arbeitsunterlagen, Website und mehrsprachige Newsletter (http://www.attac.org) und auch dank kontinentaler und weltweiter Treffen (zum Beispiel anlässlich des Weltsozialforums in Porto Alegre). Alle diese Organisationen nutzen dasselbe rot-weiße Logo, das man auf den Fahnen und Transparenten bei den großen Veranstaltungen in allen Kontinenten wiederfindet.

In Europa, egal ob in Millau, Nizza, Göteborg, Barcelona, Genf oder Brüssel, hat Attac seine Fähigkeit bewiesen, sehr viele Aktivisten gegen die ultraliberale Politik der internationalen Finanzinstitutionen, der G8 und der EU zu mobilisieren.

# Inhalt

OFFENBACH
RATHAUS

OF, 17.9.04

Liebe Gunda,

da ich Dich telefonisch nicht erreiche, um Dich zu fragen, ob Du ein ATTAC-Buch noch verwenden kannst in Vorbereitung auf Dein Referat, schicke ich Dir eins der 3 Bücher, die ich gestern bei mir wiederfand, einfach mal zu, – da ich nicht nach Mülheim komme. Sonst hätte ich's Dir nach dort mitnehmen können!

Ich komme nun wahrscheinlich doch nach Speyer, wenn auch erst am Samstag.

Bis dann!

Viele Grüße, Friedel

FOTOGRAFIC COLLECTION
4 028563 100001
Published by Michel+Co., 60320 Ffm., Conny Design
10 OFFENBACH
Rathaus
Foto: Heinz Zimmermann